爱立方
Love cubic

育儿智慧分享者

U0408678

微信扫描以上二维码,或者搜索"爱立方家教育儿"公众号即可加入"爱立方家教俱乐部",阅读精彩内容。

孩子爱顶嘴，妈妈怎么办

55个亲子互动的经验分享

徐权鼎 ◎ 著

北京理工大学出版社
BEIJING INSTITUTE OF TECHNOLOGY PRESS

版权专有 侵权必究

图书在版编目（CIP）数据

孩子爱顶嘴，妈妈怎么办 / 徐权鼎著. — 北京：北京理工大学出版社，2016.6

ISBN 978-7-5682-2116-0

Ⅰ.①孩… Ⅱ.①徐… Ⅲ.①家庭教育 Ⅳ.①G78

中国版本图书馆CIP数据核字(2016)第067367号

本书原著作名为：《妈妈不会回答的话》

中文简体出版权由台湾文经出版社有限公司授权，同意经由北京理工大学出版社出版中文简体字版本。非经书面同意，不得以任何形式任意重制、转载。

著作权合同登记号 图字：01-2015-8564

出版发行 /	北京理工大学出版社有限责任公司
社　　址 /	北京市海淀区中关村南大街5号
邮　　编 /	100081
电　　话 /	（010）68914775（总编室）
	82562903（教材售后服务热线）
	68948351（其他图书服务热线）
网　　址 /	http://www.bitpress.com.cn
经　　销 /	全国各地新华书店
印　　刷 /	三河市金元印装有限公司
开　　本 /	700毫米×1000毫米　1/16
印　　张 /	13
字　　数 /	158千字
版　　次 /	2016年6月第1版　2016年6月第1次印刷
定　　价 /	30.00元

责任编辑 / 刘　娟
文案编辑 / 刘　娟
责任校对 / 周瑞红
责任印制 / 边心超

图书出现印装质量问题，请拨打售后服务热线，本社负责调换

自 序

懂得回应，才是真正的陪伴

　　三十多年前，如果有人愿意花时间听我讲，并对我好好分析解释，讲得过我，能让我服气，我想我的学历绝不可能只是高中。

　　母亲在我未满四岁时因过度劳累身体垮了，一次感冒、发烧引发脑膜炎，不到一个月去世，使我成了单亲及接受隔代教养的一员。六岁前在彰化田尾乡下由奶奶带大，上小学后才由台北的外婆接手。父亲一直在外地打拼，从小到现在我们住在一起，零零碎碎加起来的年数，五根手指头伸出来数不到一半。

　　当时唯父命是从，在绝对的父权下，只有单向的命令，哪来双向的沟通？挪点时间听听我的想法，这比登天还难。谁能和我聊聊心里的话，回应我？没有半个。我只好每天矛盾、痛苦地和自己心里对谈、挣扎。

　　从小习惯孤独的我，自己想的就以为是对的；自己闯的、撞的结果，当然就是跌倒了自己承受。三年的高中生活，成天都是没目标的忧郁，以及胡乱思考人生的生与死——到底我该升学，还是赶紧去赚钱？

没有人能开导我、说服我，我当然是按照自己想法走，时常孤注一掷地作决定，根本不知后果的严重性。为了省150元的报名费，我连五专也不去报名，当时一位大我三岁的姐姐，知道我要辍学的消息后，还特地跑来劝我：

"你怎么不读了？不念书太可惜啦！大学毕业可以当老师喔！"

"老师？就算我当了老师，也很难养整个家庭。"那时我的心还很大。

那位当时读商专的姐姐无法回答或反驳我的话，只好任由我决定。20世纪70年代的经济较为景气，"台湾钱淹脚目"，生意人一天的收入，可能比老师一个月赚得还多。

在小小年纪时，家里的状况很不好，时常在窘困、拆借中度日。我感觉很自卑，连走路头都只能一路低低的，因此，那时我的脑海里，误以为"有钱真好"，谁掌家中经济大权，谁说了就算。若是我自己去赚钱，就不必再看人脸色，每学期也就不必痛苦地低头伸手跟人要学费、生活费。

十五六岁的我，满脑子想赚大钱，唯有提早就业才可能实现自己的想法。一个观念偏差的年少，莽撞轻率的决定，让我后悔至今。现在回想究竟差在哪里？就差在家人的回应。除了是否回应，还有：如何响应？响应在孩子听来是不是敷衍？以及孩子听了后服不服气？

面对孩子心中的矛盾与挣扎，大人的回答将决定他们目前的走向及未来的成就，可以让他们少走许多冤枉路。我以前没这么幸运，但你的孩子现在可以这么幸运，因为你愿意学习。

我很对不起我的忠实读者，因忙碌没能写得很快，这两年好多读者等不到新书，还以为我封笔不写了。

怎么可能？我还有好多话想完整地告诉你们，单单在我脑袋中的雏形腹案及资料就有四五本了。但还是要看时间允不允许，以及读者群们支不支持了。去年太太才接到一位读者的电话：

"请问'徐老师'下一本写的是什么主题？怎么这两年在书局里一直找不到他的新书呢？"

"因为这次的主题比较另类，大概就是妈妈不会回答的话。"太太回答。

"嗯！这是我最需要的，我女儿超会顶嘴的。"

她的孩子都读雄中、雄女①，外人眼中她是优秀妈妈，也已看完了我之前的五本书，算得上是忠实粉丝，但她还是忍不住特地打电话来我家询问。

当然，之前也有人纳闷地问："奇怪！你怎么好像都是写你女儿，儿子的教育提得很少？"但也有人认为我儿子有什么好写的？优等生本来就很会读书，但她却不知优等生的态度及情绪时常会令父母更为头疼。

上一本《不补习也能教出金牌儿》，讲的就是情绪的包容，而这本讲的则是顶嘴的响应，这都是聪明孩子的特质。

几乎每位妈妈打电话来都有一些共性的问题，比如，无法回答聪明孩子的顶嘴，被他们气得半死却莫可奈何。有时孩子顶的话，乍听之下似乎有理，但又好像不大对，因此回答不出所以然，不知如何是好。

一位老师就有类似这方面的困扰，因为她先生很会讲话，她明知对方是错，自己是对，只因口才不好，常被伶牙俐齿、把黑的说成白的、死的说成活的、指鹿可以为马的先生气到牙痒痒，气势永远屈居下风。

这种内伤很无奈，虽然火冒三丈，也只能自己额头冒烟，无语问苍天。

---

① 中国台湾省的高雄中学、高雄女子中学。

或许我太太心有戚戚焉，也有此感觉，于是，两人越聊越投机。但事实也是如此，我从高中开始就很会顶嘴，太太说我名字有个鼎，所以才会从小一言九"顶"。

三年多前有一位妈妈打电话来，因儿子太鬼灵精怪，她脑筋一时转不过来，反应不够快，根本难以招架孩子五花八门的问题。聪明的大班儿子不喜欢上课、写作业，有天突然很不爽地质问妈妈：

"妈，你为什么要交钱？你不要交钱，我就不用在那里受苦！"

妈妈觉得好气又好笑、却也不知如何回答儿子犀利的问题，长期以来非常苦恼。当我预告要写一本关于"妈妈不会回答的话"时，想不到许多妈妈们反应热烈，一直催我：

"什么时候？年底可以出版吗？那快、快，我很期待！"

"赶快写、赶快写，我一定要去买！"

太多妈妈的经验告诉我，众多孩子的教育流程卡住，无法按照既定规划完成，十之八九都出在妈妈口拙，无法实时回答孩子的话，于是我便兴起写一本破解孩子顶嘴的书。

一年前，一位中坜①的妈妈在我演讲完但还没动笔时，就已经预购了；也有新竹的中学主任，预约这个讲题邀我去她学校再度演讲，就等我这第六本书的出版。

为什么是妈妈而不是爸爸呢？因为大部分都是妈妈在带孩子，较注重教育，所以心肠软的就被精灵、调皮的孩子打败、气炸。尤其是当聪明儿子又遇上一位"笨妈"时，当妈的铁定完了。当妈妈脑袋一片空白，僵在那里傻

---

① 中国台湾省桃源县北部城市。

笑或装傻不答，孩子就看穿了你的"本领"；但也有一种是硬拗、恼羞成怒而臭骂一顿，甚至一巴掌过去——这样怎么带得好孩子？

当然，我所谓的"笨妈"不是真的笨，而是和孩子对比下的形容。妈妈难以理解儿子的思维模式，就像爸爸无法捉摸女儿的复杂心思一个道理。

妈妈不回答、无法回答，在孩子的想法里就是默认、默许。他会朝自己的认知走，自以为自己才是对的，进而我行我素。渐渐地，孩子不再问你，开始有点小看你了。以自己为例，你会去问一个比你笨的人吗？谁会去问道于盲？不可能嘛！

有次演讲结束后，两位妈妈很激动地冲上来对我说：

"对！对！讲中了我内心的七八成了。我孩子就是骂我笨：'讲了你也不懂，那干吗讲？'"不会回答，如何引导？他们会听一个比他们笨的人的话吗？当你威信尽失，自然会让孩子牵着走。

我们家也有这么经典的一对宝：聪明儿子与笨妈。现在儿子晚上都会在跑步机上快走二三十分钟，然后仰卧起坐，再做几个俯卧撑，流个满身大汗再去洗澡。妈妈笑他：

"啊？做不到两下就起来了？"

"你自己连一下都做不了，还笑话我？"

妈妈被顶了回来，傻笑无言，气势马上又回到儿子身上，五十步笑百步是难以下指导棋的。不会回答的父母，只能吹胡子瞪眼，半句话也挤不出来，气势马上矮了一截。

有时你急如星火，他却秋风过耳，论事说理如孩子生气斗嘴，气胜于理。虽说沉默是金，也莫忘"雄辩是银"！

"一分的和一百分的在讲？"舌钝的妈只能吃闷亏、生闷气，如换成爸爸出马，儿子敢笑我是一分吗？不敢！整个说话气势马上翻转！

相对而言，爸爸说话较有权威、较会回答、较了解儿子，不像心软的妈妈常举白旗、束手无策、任子"宰割"。

可惜的是，多数爸爸每天早出晚归，只是标准的"提款机"，却甚少和孩子谈心，对教育漠不关心或者不够上心，孩子成绩不好，行为有了偏差或出了纰漏，还怪妈妈带得不好。

最好笑的是，根据调查显示，六成的孩子最常跟爸爸在一起做的事情，居然是"看电视"，有近三成孩子每天跟爸爸讲不到10分钟的话，就算爸爸口才再怎么好、再怎么会回答，也帮不上忙。

在我小的时候，凡事大人说了算，我要做到"有耳无嘴"；现代孩子却是一言九"顶"，反而是大人"无言以对"，所以才激发起我写这本书的想法，以破解、修理这些小大人，让他们的"奸计"不能得逞。

很多妈妈愿意陪孩子，也真的是在陪孩子；然而你在陪着的同时，懂得如何回应吗？这本书就是在与你分享——我是怎样回答孩子的话。

目 录

第一章 怎样回应孩子的无厘头的问题 / 001

妈，魔鬼毡是魔鬼做的吗 / 002

你怎么可以利用我玩的时间 / 006

背这个有什么用 / 009

单词背了还是会忘啊 / 012

我就是记不住啊 / 015

也是对六题啊 / 018

又没关系 / 022

长大了为什么还要报平安 / 024

一定要打电话？不打不行吗 / 027

第二章 怎样摆平孩子心中的不平 / 031

不公平！就是不公平 / 032

你们重女轻男，对女生比较好 / 035

为什么我只能当个"小莒光号" / 038

为什么都要以姐姐为主 / 042

你们大人都偏心 / 045

老大都是试验品，真倒霉 / 048

我宁愿当那只猪 / 051

弟弟都那么调皮，很讨厌 / 054

你比较爱弟弟 / 057

你们标准不一啦 / 060

第三章 怎样解决孩子沉迷于电脑游戏的问题 / 063

小时候可以，现在为什么不行 / 064

为什么我不能打游戏 / 068

打游戏会近视，读书也会啊 / 071

你不让我打，功课也没进步啊 / 074

我都考九十八分了，你还要怎样 / 077

我稍微放松一下，你就在念叨 / 080

网内互打，讲再久都不用钱 / 083

同学都是这样过的啊 / 086

别人都在玩，为什么我要超前 / 089

第四章 怎样回应孩子"分数重不重要"的发问 / 093

如果你是奥巴马 / 094

输就是不爽啦 / 098

你们不是说分数不重要吗 / 102

大人怎么都是说一套做一套 / 105

如果考一百分，你还会打我吗 / 108

老师说不必写习题 / 112

可是专家说、老师说 / 115

高中都免试了，干吗那么认真 / 118

反正一定有学上 / 121

第五章　怎样回应孩子"学习有什么用"的发问 / 125

读书有什么用 / 126

朋友怎么都是戴安全帽的 / 129

读书就能赚钱吗 / 132

怎么可能 / 135

自己都不读书，叫我读书 / 138

同学爸妈都有接送 / 141

这又不考，我读它做什么 / 144

人家牛顿也这样马虎啊 / 148

孩子马虎，我要帮他吗 / 152

第六章　怎样让孩子主动学习 / 155

好难啊！我不会 / 156

这么多、这么难，我做不到 / 160

先有鸡还是先有蛋 / 163

老师借课，从来都不做实验 / 166

为何要做这么无聊、重复的练习 / 169

吃饭配电视，胃会坏掉 / 173

老师没教，我怎么会写 / 177

看这个有效吗 / 180

徐老师，读书计划表如何规划 / 184

后 记 家庭教育金三角：响应、身教、感动 / 189

第一章
怎样回应孩子的无厘头的问题

　　教育要能成功,有些手段就成了必要之"恶",怎样回应孩子,妈妈们自己要慢慢学习,如果不行就请老公出面。这也就是我常强调的,教育这条路爸爸不能缺席,不然一定缺一角,缺的那一角叫作——"死角"。

妈,魔鬼毡是魔鬼做的吗

回答孩子的一个问题,所要查的资料,让父母至少学到十倍的延伸利益,投资回报率非常高,何乐而不为呢?

一位替孩子报名学英语的家长,对着何嘉仁美语补习班前台的工作人员问:"这一班的老师怎么不是何嘉仁?"

行政人员说:"何老师很忙,不可能每班都由他教的。"

家长说:"那我要告你们'广告不实'!"

行政人员说:"你可以到隔壁长颈鹿美语补习班,看有没有长颈鹿能教你的小孩?"

这应该只是网络上的笑话,前台工作人员不敢这样"呛"顾客的。但这种"神问答"在我家真实上演过。

有个周末早上,太太告诉我一个真实故事。有位大约读小一的女孩,随口问身旁一起散步的妈妈：

"妈，魔鬼毡是什么做的？"这位妈妈愣住了并没有回答，女儿马上再补上一句：

"妈，魔鬼毡是'魔鬼'做的吗？"妈妈还是继续走着，皱眉不答，脸上不只三条线，一样不理女儿。

老实说，我也不知道魔鬼毡是什么做的，但我不会不回答。当父母的一定要响应孩子，不能欺骗，不懂就必须承认，虚心求教，不可顾及所谓的尊严、面子而胡乱解释、支支吾吾，甚至怕被孩子取笑，敷衍了事而不回应。

你若是个不回答的妈妈，下次孩子渐渐就不会问你了，因为问也是白问，谁会一直问一个不知道却又不敢承认的人？

"如果你是这位妈妈，你答不答？"我反问太太。

她说："以前，我可能不答或说不知道。但现在我会说：'好问题，我查一查、问一问再告诉你。'"

没错，孩子充满好奇，小时候"为什么"三个字不离口，刚好是引导他们的最佳时机，打蛇随棍上，怎么可以放弃这天上掉下来的礼物？有的父母自己不会也就算了，还加一句"啰唆！问那么多？"或"我很忙，不要吵！"那么以后孩子真的不会去吵你了。

所以不管再怎么忙，我都会响应孩子的问题，可以暂时欠着，但不能拖或算了、忘了。遇到当下不知道或一时反应不过来的问题，我只会傻笑，但孩子会好高兴，心想："连爸爸也不懂？那表示我的问题够有深度。"在成就感催促下，他会找更有深度的问题来糗我。但我也不是傻笑完就结束了，我会附带一句：

"我们各自去找数据或请教老师，谁先查到，谁就教谁好不好？"我一定记在纸条上，确保不会忘记，也会整合彼此的答案。

魔鬼毡也有的写成"魔鬼沾"，以前人们走到野外，穿越田园或草地，回到家时才发现衣服全身都是芒刺，有如魔鬼附身。后来瑞士工程师麦斯楚，以芒刺发想，花了八年时间研究改进，才将"尼龙"织成两排，一排是无数的小钩钩，另一排是许多小环孔，当两排按压在一起时，便可以紧紧卡住，代替纽扣、拉链或鞋带，魔鬼毡取其意——像魔鬼般附身。

以上是我由电脑里查到的数据，因为也叫"妙妙贴"或"黏扣带"，因此可以确定这不是"魔鬼"做的。这也让我想起，儿子在小学时，有天故意问我：

"爸！其实牛肉面根本不必放牛肉。"

"没牛肉？那就是骗人了。"

"可是太阳饼里也没有放太阳啊！"

似乎言之有理，一般家长听到这里，可能只是笑笑，亲子问答大概就到此为止了。但我不是，我一定要解释清楚。

"牛肉是实物，平常就能吃到，面里放牛肉可以做得到，所以不放牛肉却叫牛肉面就是欺骗。但太阳饼里包太阳有可能吗？能吃吗？你敢吃吗？"

牛肉面是用实物取其物名，太阳饼是取其虚名，只是以外形命名，其他像是牛舌饼、狮子头、太阳饼、松露巧克力……也是这样。不然老婆饼会放老婆？月饼里包月亮吗？蚂蚁上树会有真的蚂蚁？

所以，棺材板只是外形像棺材，取其升官发财的谐音；甚至蒙古烤肉根本不是源自蒙古，是台湾人自创的。

反过来说，现在很多米粉里没有米、花生油里没花生、鸡蛋面条里没鸡蛋、小米酒里没小米、姜母鸭里没姜母……这就是黑心商品。

太太常对读者说:"抓住孩子的心,亲子间的互动很重要!方法之一就是从孩子开始问第一句'为什么?'时,父母就要有耐心且慎重地面对孩子所有无厘头的话,正视孩子所有的问题。"

回答孩子的一个问题,所要查的数据,可以让父母至少学到十倍的延伸利益,投资报酬率非常高,何乐而不为呢?

你怎么可以利用我玩的时间

父母在某些事上不能心软,可以让孩子自己选择,但规则却要父母自己定。而且定了之后就要坚持,孩子慢慢会收敛。

我在嘉义的一所小学演讲时,有位听众问我:"徐老师,你主张孩子要做家务,但我的孩子是优等生,功课很多,没有时间做家务,怎么办?"

"没时间做家务?功课太多,学习一段时间,就该让眼睛休息,这时刚好就可以做家务了,不必另外抽时间。"我解释给这位老师听。

"但我儿子反驳:'休息是要做自己的事才叫休息,做家务哪算休息?'他认为玩儿才算休息,做家务不算。"

这位老师顶不过孩子,认为孩子说的也有道理,就放任孩子不做家务。但在我家就不是这样。

我儿子读小学时,我才不会让他这么"好好吃睡"。功课间的休息,原本就只是怕他近视才让他眼睛休息，并不属于他玩的时间。如果不想利用，我也接受，但在我家，做家务是每个人都一定要有的习惯，不能妥协。

孩子不做家务，第二天我就专找不是他功课间休息的时段来让他做，但这样就压缩了他看电视或打游戏的时间。我告诉他："如果嫌我挑的时间不好，你自己挑。"第三天起，他就自动恢复在课间休息的时段做家务了。

很多孩子吃定了妈妈心肠软，认为只要好好读书就好，家务不重要，父母也不坚持立场。但在我家，儿子知道我的做法，再笨他也会选在功课间做家务，因为这样不会影响他看电视或打游戏。

我跟那位"心软"而没立场的妈妈有什么不同呢？我让孩子选择时段做家务，她却让孩子选择要或不要做家务，最后结果当然不同。

在家的每一分子，都有做家务的义务，小朋友算是做最少的。如果大家都不做，都像小孩这么自私，不但小孩没饭吃，连书都别想安心读，哪里还有时间玩？读书不是全部，如果以读书忙或压缩到自己玩的时间当借口，在家不做家务，纵然考试满分又有何用？只是生活白痴一个。不体谅父母的辛劳，读书也是白读了。

另一位妈妈更惨，儿子中班而已，她就已经被小孩牵着鼻子走了。

"我要玩的时候，为什么要叫我写作业？"这位妈妈听了虽然有点生气，但似乎也有理，就是不会回答。太太听了她的抱怨，就提醒她：

"你就这样一路到孩子长大都听他的话吧！"这位妈妈大笑。幼儿园的孩子顶嘴，妈妈就招架不住了，那到了青春期岂不是更惨？

玩有玩的固定时间，吃饭有吃饭时间，睡觉有睡觉时间，要会分配。玩太多会占到学习时间，孩子长大很难找到专业工作，反而没时间休闲及睡觉。

父母在某些事上不能心软，可以让孩子自己选择，但规则却要父母自己定。而且定了之后就要坚持，孩子慢慢会收敛。但遇到没原则又心软的妈妈一定破功，那就不要抱怨自己的孩子不好带，因为这是妈妈自己没坚守底线。

孩子上了小学，还是可以如此做；但如果上了初中，我希望父母能以劝导、讲道理、感动孩子为主。

太太常吐槽我："又不是每个妈妈都能像你这么狠。"但教育要能成功，有些手段是必不可少的，妈妈们自己要慢慢学习，如果不行就请老公出面，这也正是我常强调的，教育这条路爸爸不能缺席，不然一定缺一角，那一角叫作"死角"。

不使霹雳手段，怎显菩萨心肠？你现在当好人，顺了孩子的心，以后孩子还是会怪你。

背这个有什么用

你的抱怨我听到了,但等你发泄完,该做的还是得做,我不会因你的抱怨而心软,因为这样是害了你。

女儿刚上初中时,新生训练第一天,班上自我介绍,其中一位同学就站起来大声说道:

"我最讨厌背历史了,浪费脑容量。"

导师气定神闲地回答道:"我就是教历史的。"全班爆笑。

这位同学自我设限、自我排斥,历史成绩还会好吗?不会。

有些自以为是的孩子,不肯好好花时间读书,就用"背这个有什么用?"来当借口。曾有一位妈妈说,孩子向她抗议:

"背了还不是会忘,为什么要背?背了又有什么用?"

这位妈妈虽然对孩子的歪理不以为然,却抵不过孩子的伶牙俐齿,于是放任、顺着孩子,直到孩子成绩一落千丈,连品行也出了问题,做母亲的才后悔不已。

这些借口我儿子最内行了,从小他就常常叫嚷懒得背、不愿死背,每一项课业都想以理解方式进入脑袋,排斥背英语单词。他甚至还说:

"爸!我背不下来。""单词多,背太多会混淆。""英语不是这样学的。"

他的借口一箩筐,但我不会放任,而且还会一找到机会就进行反击。

"姐,西周定都在哪里?"一次历史考试的前一晚,他问姐姐。

"镐京。"

"是谁把商朝迁都于殷?"

"盘庚。"

"啊?这也要背呀?"

儿子懒得死背书,尤其是历史,他背书完全以试探姐姐为准,初中时常考姐姐问题,如果姐姐会,他才会心不甘情不愿地去背。反之表示不重要,便不去理会。

"明天要考《出师表》,背那个根本没意义嘛!姐,你去年背了吗?"背完历史又要背语文课文的儿子再问。

"有啊!"

"那你现在还会背吗?"

"有些忘了。"

"对嘛!背了还不是会忘?"

这时我忍不住说话了:

"你不好好背一次,就永远不会。但你背了一两次后,下次复习会容易

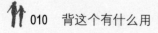

许多，不然永远停留在第一次没记忆。基本功还是要下的，凡事都有它的过程及道理，不能跳过。"

现在的孩子不肯花时间下苦功夫，像高一时儿子自我曝光，老师教了一学期的日文，还是只会五十音，不想背，常常碎碎念：

"单词那么多，今天背一个，明天忘两个，一下子就忘了，这样是在整人的吧？"

他恨背诵的抱怨语录，多到可写成一本书。但我告诉他：

"你的抱怨我听到了，但等你发泄完，该做的还是得做，我不会因你的抱怨而心软，放松一丝一毫，因为这样是害了你。"

我们当父母的，没法帮你们背，我们能做的，就是倾听你的抱怨，让你有些许分散压力的空间。等你倒完你心里的垃圾，说出了委屈后，还是要回到现实，该背的就是要背。

学在苦中求，艺在勤中练。不是要你"背多分"，是要你在"背中学"。

单词背了还是会忘啊

背过确实会忘，但如果不背，连忘的机会都没有。多背一次，忘掉的机会就少一次。

不想死背，是懒人的特点，却也是聪明孩子的特性，包括我儿子也不例外，从小学抱怨到高中还在叫：

"悲剧！我根本不是读书的料，单词怎么背怎么忘，之前会的也能忘，连schedule也不会拼，白背了。"

我安慰他："你事情多，不同课程间本来就会排挤，忘掉也是正常的。"

高中了，我对他讲话算是很客气了，压力大时就让他"取暖"一下，如果在小学时，我的回答就很呛了：

"你说得真对，单词背了还是会忘，那晚餐不要吃了，反正吃了也是会饿，多此一举。晚上不能洗澡，反正洗完还不是会脏？要不要试一天看看？"

如果你铁齿，真的那么想试，我会让他多试几天。

容易忘，表示你记得不牢；让你容易记住，也表示很容易忘掉，无法成为永久记忆，这是自然定律。老天爷很聪明，人的肚子会饿，才可以遍尝各种不同的山珍海味。假设你吃过一次就饱，接下来一辈子都不必再吃，你愿意吗？

生物的本能就是吃了一些后，会自动排掉一些，等饿了再吃。你会因为吃了还会饿而选择永远不吃吗？假设每个人都能背一次就忘不了，每天看过的连续剧的台词都过目不忘，每天讲过的、看过的都不会忘，那才是可怕的悲剧。

单词忘了，再背就是了。饭一餐一餐吃，你才会得到营养，长肉、长高，单词也是，一次一次背，脑袋会愈装愈多，愈不容易忘，到一定分量时，就会自动串连。常说口里顺，常做手不笨，不可能只选择你想要的部分。

如果真的忘了某些字，大脑是在提醒我们要再一次复习，要高兴才对，怎么烦恼起来了呢？

我把单词写在手上，背了多少年，也忘了多少年。甚至有一次走路太专注了，伸出左手背单词，还撞上电线杆，自己也觉得好笑，因为这幕不是只有在电视剧里才会出现的吗，怎会发生在我身上？

到了冬天，皮肤分泌油脂少，圆珠笔写在手上的单词太深，很难用香皂清洗掉，有次我用毛巾硬擦，还破皮流血了，好痛。有时回头一想，有必要这么辛苦吗？背个单词而已，但不服输的性格使然，透明胶布贴好，跟它拼了,再写再背。

虽然偶尔会忘记,但看一下就记得了,第三次瞄一下……复习的时间间隙会愈来愈短,至终成为大脑的一部分。没有一开始的背,哪能成为后来的看?告诉你的孩子吧!如同我第一本书《我这样教出资优儿》说的:"背过确实会忘,但如果不背,连忘的机会都没有。"

还没学会走路前,别想先学飞。多背一次,忘掉的机会就少一次。背第一次也许要两分钟,忘了再背,这次只要三十秒,然后是十秒,最后看一眼就记住了。再笨的人背到第五次,也已经光看就会了。孩子怕忘就不背,会永远停留在第一次,永远是生词,当然无法进阶。

凡事要成功,都要讲究扎实的基本功,点、线、面后才能一气呵成,没有点,如何成线、面?没有从背单词开始,如何能看文章?

跌倒了再站起来,只要站起来次数比跌倒多一次,你就成功了。背单词的道理也是一样,背了忘,忘了背,只要背的比忘的次数多一次,你就记住了。

忘记也是学习的一部分,温故知新是一种习惯,基本功则是一种态度。态度比成绩更重要啊!

我就是记不住啊

会记不住,主要是不常用的后遗症,演变到最后成为死记硬背。所以想要牢牢记住,还是融入生活最为理想。

前几年陪女儿到一所学校参加公共英语考级(实践大学考中级英检),女儿进去考试,我出来散步,途中无意间听到一对父子的对话:

"你为什么连英语考级都不会,通过不了?"

"我就是记不住啊!"这个看起来正在上小学的男孩,脸不红气不喘地反驳。

"为什么皮卡丘卡通你都记得一清二楚?"

"因为我每天看啊!"

"那么你每天看英文半小时,也会记得住!"

小男孩没话说了,因为"记不住"和"不想记"是两回事。这爸爸的回答很好，儿子认了，以后他还敢对老爸找同样的借口吗？我想是不会了。

小学生的记忆力强，但属短期记忆，忘掉本来就很正常；等到了初中、高中，因课业繁多，忘了更是正常。不正常的是孩子没耐心、不用心、没有心、懒得背、不想背，这样当然记不住。有一次，读高二的儿子再过三天就要期中考试了，他口中喃喃自语：

"上课时老师解释，明明都了解、都记得，怎么现在都忘了。"

拜托，你又不是神仙。电脑都会死机，何况是人脑背东西，怎可能背一次就记得？怎可能不会忘？你自己的名字会不会忘？不会，那是每个人一次一次加深你的记忆，小学老师一次次地听写，才造成你的永久记忆。

你背七次忘了七次了吗？不要忘了，你自己的名字，也是经过如此的循环才记下来、才会写的。根据语文学专家研究，一种学习必须七次以上才开始有记忆，要从短期记忆移至长期记忆，必须反复七次以上。

兵可百年不用，却不可一日不练，问问弹琴的人，他们的感受最深。

之所以记不住，主要是不常用的后遗症，演变到最后成为死记硬背。就像写字，长时间不写字，再下笔也会变得生疏（甚至连普通话，一段时间不说我都会忘）。所以想要牢牢记住，还是融入生活最为理想。

以前的大家庭，孩子多，关系很清楚，哪一个叫伯伯，哪一个是婶婶、姨婆，小孩分得清清楚楚。现在孩子少了，却根本不懂什么叔叔、姨丈。因为现实生活中没有，孩子就很难记住。

像我的两个孩子，从小学到初中，关于亲戚关系，每考一次，忘一次、问一次——什么姻亲、旁系，姨丈是阿姨的先生，阿姨是妈妈的姐妹……全都是用背的。

因为我太太只有兄、弟各一个，所以孩子对为什么叫舅舅、舅妈的关系很清楚，其他没有的就只能用背来应付考试，因不常用自然久了就忘了，忘了就必须再背一次，而舅舅、舅妈常用，所以不必背。那么单词的道理亦同，是你不常用才忘得快，想要不忘唯有常用。

昨晚睡前谈到我外婆，想不到儿子竟然问我："爸，你外婆是你爸的妈，还是你妈的妈？"儿子啊！你确定自己是重点高中毕业的吗？

俗话说："一代亲，二代表，三代无了了。"现代人忙、少子化，亲戚关系愈不联络愈生疏，最后走在路上也互不认识。就像近来电子产品普及，书写减少，很多孩子都忘了"国"字怎么写，笔画也乱七八糟。

套一段太太回我儿子的话："小学语文课本不是教过吗？只要功夫深，铁杵也能磨成绣花针，难道你也没记住？"

也是对六题啊

孩子会带不好，其实都是父母心软，没有坚守原则，却又怪孩子不好带。错的是谁？父母心里有数。

回忆多年前刚升格当新手爸妈时，我对孩子的一切总是一板一眼。一是一，二是二，没有打折余地，也没有模糊空间或灰色地带。每件事甚至到每个细节，都是楚河汉界、泾渭分明。不像现在一把岁数，手段圆融多了，会转弯变通。

在儿子四五岁时，我们父子间曾有一场唇枪舌剑。当时在学珠心算的他及姐姐，我只要求他们及格就好，也就是每天的十道题中要对六道题，才能打游戏半小时。

这一天，他确实写对了六道题，但我坚持不让他打游戏，因为当天的考题是十二道题，这就等于只有五十分，不及格。我解释当初立下的游戏规则，孩子却依然跟我"理论"了近半小时，最后哭倒在沙发上，喃喃自语想博得同情，以为我会心软一次。

"不……能……打……游……戏……"儿子一边啜泣，一边装可怜。

"认真才可以打，你不认真，打什么游戏？打游戏是因为你认真，所以给你鼓励。不然认真可以打，不认真也可以打，谁会认真，我问你？"

"但是以前我写对六道题就可以打的。"儿子还在硬撑。

"十道题对六道题，正确率是十分之六，这样是及格。但你今天是十二道题对六道题，只有五十分而已，不及格。"

"可是十道题减四道题也是对六道题，我今天也是对六道题，十二减六等于六啊？"儿子跟我玩起文字游戏。

"可是上次是错四道题，现在你是错六道题呀？"

"可是……十二……"他还是想狡辩，又提不出具体道理。

"十道题对六道题是六十分，你今天十二道题错六道题，是五十分而已呀！"

"哪有？上次应该也五十分，这次也是五十分啊？"

"上次十道题对六道题，一道题十分，所以是六十分。"

"啊，我这次也是对六道题啊！"儿子一直绕着"对六道题"，跟我装糊涂。数学这么差，那我就帮你算清楚，看你能耗到何时？

"对六道题？但有十二道题你对六道题只有一半，一半只有五十分啊！十道题对六题……"

"对啊！对六道题……一道题……不是……"他开始知道错了，语无伦次地陷入自己的漩涡之中，圆不回来只能装无辜。

"如果考十道题一百分，一道题就是十分；但是考十二道题，一道题只有八分多而已喔！八分多你对六道题才几分啊？才五十分哦！对不对？"我一定要分析到儿子没话说，他的苦肉计也没有得逞。

有些心软的妈妈脑袋空白，一时转不过来，大概就投降放行，被孩子牵着鼻子走了。有时我演讲会放这段影片，很多妈妈竟然还替儿子说话："他也有道理啊！都是对六道题。"其实她们是被他可怜的模样给骗了，于是，自己心软了而降低标准。

对孩子我只要求及格，六十分并不过分。如果对六道题就要妥协，难道一百道题对六道题也行？马铃薯发了芽就可能有毒，不能吃，但你能告诉我说同样是马铃薯，所以吃下去没关系吗？

大人本身的思维逻辑要清晰，道理要讲明白，数据要量化，不然会自乱阵脚。但也千万不能恼羞成怒，只以父母的权威说："不行就不行，这么啰唆！"在他小的时候也许会屈服，长大一点你就压制不了他了。所以绝对要抽丝剥茧地解释透彻，孩子才会服气。

如果双方认知不同，甚至自己当初没讲详细以致有误会，我认为就该通融一次，下不为例。然后重新定义、沟通，下次严格执行。

前几天准备隔天演讲而整理档案时，儿子看到这段影片。他说出了当时的心机与盘算：

"那时我是故意的！我有那么笨吗？不会算吗？"

"你也要看准对象啊，如果是你妈，估计你的计谋就得逞了。"我回答道。

儿子对妈妈抱怨："花了快半小时，装得这么可怜，只为了换十分钟的打游戏时间，没想到爸爸这么狠，一分钟也不给。真是失算！"

我告诉他："你失算的可多咧！我教育孩子时只有'狠心'，没有'同情心'。"

　　谁说四五岁小孩没有心机？孩子会带不好，其实都是父母心软，没有坚守原则，却又怪孩子不好带。错的是谁？父母心里有数。

又没关系

争之不足，让之有余。要矫正孩子的行为，就该以其人之道还治其人之身，这样轻松又有效果。

一次在学校演讲完，到了听众提问时间，有位妈妈率先举手：

"徐老师，我儿子爱吃香菇，有一次炒一盘刚上桌，他就把整盘端到自己面前。我说怎么可以这样？他回答因为我好喜欢吃妈妈炒的香菇！明知他这么做不对，但我该怎么对他说？"

我提醒她："明知不对还放任他这么做，因心软而纵容，才养成他我行我素的习惯。他太了解你的个性，已摸清你的底限，最后这种不当的行为变成了一种习惯，越大就越难改。"

喜欢吃？没问题，事先说，我另外炒一盘给你都可以，但不能自私地端到自己面前，这样别人怎么吃？一定要警告孩子：

"我下次也学你这样，喜欢吃的就端到自己面前，你的感受会如何？而且这样做会被别人笑话，认为你很没有礼貌。人家心里在骂你，其实也就是在骂我！"

我敬人一尺，人敬我一丈。俗话说："相让吃有剩，相抢吃无份。"礼貌从小就要教。

如果孩子还是依然故我，你就要使出绝招，把自己当成镜子，让他看到自己的行为有多可恶。你要学他先把那盘好吃的香菇端到自己面前全部吃掉，孩子一口都没得吃，下次自然就改正了。

这位妈妈听了之后点头称是，回我以满意的微笑。

争之不足，让之有余。要矫正孩子的行为，就该以其人之道还治其人之身，这样做立竿见影，坚持追踪直至改正为止，轻松又有效果。

有次在路上遇见俞老师，聊天中谈及一位小朋友写功课时，脚都跷得高高的，父母讲了好久也没用，骂也没用，班里的任课老师也不管（或许是管不了），爸妈更不知该怎么办。

有一天，奇迹突然出现，爸妈感到奇怪：别的老师管教不了，为什么来俞老师这里后全改了，从此不再跷脚？

原来俞老师没有骂他，也没说他，而是学他的样子问他：

"好看吗？"

孩子不好意思，真的不好看，于是脚不再跷那么高了，下次来低了一点，再来剩二分之一、三分之一，最后就改掉了。

教养之道无他，做他的镜子反射，才能让他看见自己的缺点。

孩子的一些不好的行为，都是大人从漠视演变到默认，睁一眼闭一眼，认为孩子还小不懂事没关系，长大自然会改善，或明明知道问题所在，父母却不知怎么办，一天一天拖下去最后形成恶习，错失了矫正良机。

溺爱足以害人，甚于水火刀剑啊！

长大了为什么还要报平安

报平安是晚辈的基本礼仪,也是长辈的教养责任,就像平日说"谢谢""对不起"那样重要,但这需要父母懂得要求与坚持。

"我都三十多岁了,连喝个可乐都要被念叨半天?"
一位患心脏病而宅在家的独子想喝可乐,母亲担心他不宜喝饮料,好心提醒而发生口角,男子负气留纸条离家。

这种家庭战争,很多人都经历过。有一次我太太对女儿说:
"早餐要加一点腰果才会饱。"
"不要啦!我已经有双下巴了。"
"不行,一定要吃,不然带去学校吃,这样营养才够。"
女儿俏皮地说:"我长大了,不要你管啦!"
太太笑一笑,也对我说:"听到了没有?女儿说她长大了,不要我管啦！"

我说："很好啊！长大了的人就该知道要孝顺，甚至给父母零用钱，以后我们就看你表现啰！"女儿有些尴尬，不敢再反驳。

长大后责任更大，不能只想到长大的好处，却忘了责任。有的妈妈不会回答，只会气得跳脚，或是觉得孩子说的也没错，就这么轻轻放过了。

曾有一位大学生对妈妈抱怨道："你才小学毕业而已，我都大学生了，怎么还要管我？"这位妈妈一听，就不说话了。但在我家，一定是相反的结果。

"我们都长大了，为什么还要打电话回家？"女儿上高中后，曾经这样质疑妈妈。但太太生长在纯朴而有人情味的农村，尊敬、孝顺、有礼貌是父母从小教育的基本礼仪，所以对这两个小萝卜头，当然也比照办理，没有打折空间，所以理直气壮地回女儿：

"在爸妈的眼中，你一辈子都是我们的小孩，就如我在外婆外公心目中，也永远是小孩子一样。你长大了，你再大会比我大？我快五十岁了，哪一次从台南回到台北，踏进家门不是先打电话向外婆报平安？因为当她知道我们平安回来了，才会安心。你们的情形也是一样，长辈会担心晚辈这是天性，让长辈放心这是你们的责任与礼貌，不能嫌麻烦。"

孩子每次出门，和同学一到达目的地，太太也一定要求他们打电话报平安，出国更是如此。姐姐一开始会抱怨太麻烦，而弟弟更是根本忘记，但太太就是坚持，几年下来，两个孩子也都养成习惯了，女儿读大学住在外地，还是会主动报平安，这证明她真的长大了。

太太年近半百，还三天两头打电话和岳父岳母话家常，没事随便聊几句也好，故意让老人家念一念、骂一骂，他们心情就会好一点。老人有时和孩子一样，容易满足、快乐，喜欢讲话、发表意见，甚至高谈阔论，这样精神也会好许多。

"连你爸爸每次去外地演讲，都会打电话回来报平安！"太太这句话，让两个孩子没话说。其实，很惭愧，我也是被她"逼"了好几年才养成这个习惯的。

现在连最不服管的儿子，在妈妈的要求下，不论是去学院上选修课，还是周六、日到图书馆看书，也都会主动打电话回来了。刚刚他才戴着口罩及安全帽、骑着自行车到学校做实验，如果不是他报平安，我还真是忘了他已出门。

天下父母心，每个孩子都是父母的心头肉，报平安是晚辈的基本礼仪，也是长辈的教养责任，就像平日说"谢谢""对不起"那样重要，但这需要父母懂得要求与坚持。

一定要打电话？不打不行吗

从汐止①来我家一起学英语的小孩，现在都已经读大三了，每年寒暑假还是一定抽空来看我们。从我这里安全回到家后，他也是一定马上打电话来报平安，因为知道我们会担心。我写这篇文章的十分钟前，太太才接到他的平安电话。

我的孩子从初中有手机开始，每次到图书馆或和同学聚会，在他们出门前，妈妈一定是千叮万嘱："到了要记得打电话回来报平安！"

但不服管的儿子常常忘了打，有时可能是真的忘了，但也可能是故意试探大人的底线，你没说话、没有再要求，孩子以后就真的不会再打。

所以妈妈总会精准地算好时间，到了还没打回来，没关系，换我打过去骂人了。还真巧，每次的答案都一样："忘了。"

---

① 汐止区，位于中国台湾省新北市。

去年，儿子代表台北市到彰化师范大学参加三天的高中物理竞赛。他早上出门前，太太叮嘱在集合、上火车、每晚回到宾馆等要报平安。儿子很调皮，故意回答：

"那……一定要打吗？不打不行吗？"

"不打也没关系！我会打到宾馆找人；找不到再打给同学；再找不到的话，我会直接打给老师。全宾馆的人都会认识你，看谁丢脸，谁会被笑是'妈宝'？"有能耐忘了，就要有能力承受老妈找你的尴尬。

儿子是爱面子又怕羞的人，哪经得起这番糗事折腾？他吓得腿软不敢再废话，准时准点地打电话回来了。三天的比赛完后，也赚了七千五百元的奖学金回来。

高二他们科学班到新加坡八天七夜校外教学，第一天晚上十点，太太的手机响了，是儿子打给妈妈：

"喂！拜拜！"这小子"惜字如金"，点到为止，急于挂电话。

"喂！什么拜拜？还没叫妈妈就先拜拜？"

"喔！妈妈，拜拜。"

这小子虽然在应付差事，但他之后都是准时打来，也就可以了。最怕的是孩子真的忘了打回来，结果连大人也忘了打过去找人，这样又怎么要求孩子？

前几个月我有一次很生气，原来是在高中住校的女儿回到家，又被我"削"了一顿。回来的前几天，女儿就指定让妈妈准备水饺及虾仁羹当晚餐，因为太久没吃了嘴馋。

但很反常的，这次妈妈等她上火车后打电话来，却左等右等就是等不到，心想女儿可能忘了。

为了要确定她晚餐吃了没、到底是否还需要准备水饺及虾仁羹——她自己特别交代家人却又不先打电话回来，我们只好打过去找人了。

但奇怪的是，电话没有人接，太太和我打了十三通，打到快抓狂了，在这一小时里简直坐立难安：到底发生什么状况？

一小时后，女儿打电话回来给妈妈："哈啰！"一副无所谓的口气，殊不知我们这段时间如坐针毡！

"还哈啰？电话也不接！"

"手机调成震动，放在包里没听到。"被妈指责有点不高兴，但还是理直气壮。

"你爸坐火车都会打，你怎么没打？"

"震动根本没听到。"

避重就轻的借口，极力撇清责任，让疏忽行为合理化。废话！震动当然不会听到，但你应该想办法让它"震到"！于是我也开口说话了：

"你知道你的'忘了'，会让我们担心多久吗？"

女儿自知理亏后说了一句："好啦！对不起。"

心软口不能软，纵然女儿大学了，不对的行为我也一定要点出来。不高兴是你的事，教育你是我责无旁贷的义务。

因为陪伴多、感情深，孩子都了解我的个性，爱之深责之切，没多久风暴即冰消瓦解了。

虽然女儿上学住在台中，但我们都没感觉到距离，因为女儿用Facebook（脸书）已把妈妈加入朋友。看到绿点即知女儿人平安在校舍。女儿还三天两头在Facebook上遥控，向弟弟请教物理、数学，每天和妈妈聊天分享生活点滴，当然也不会忘掉这个老爸，向我"要钱啦"！

太太不只是这样要求孩子，连我也一样要管。她规定我每次外出演讲，到学校了要打；讲完了要打；到车站坐几点火车要说……你忘了？没关系，她会一直打到你接为止。

有些妈妈不会和孩子讲理，或认为孩子长大了，顺了他的意，对要打电话的事也没有太坚持，结果常常是自己在那担心。

台湾有句俗语："父母疼子长水流，子惜父母树尾风。"教养孩子要放手谈何容易？但一时半刻要孩子体会到父母的心，确实也不容易。唯有把握适时的机会进行教育，让每一件发生的事都是好事。

养成孩子报平安的习惯不难，只要坚持两三年，就能习惯成自然，到时孩子不打电话回家，自己都会不习惯的。

第二章
怎样摆平孩子心中的不平

在孩子的成长之路上，我们谨慎处理、小心排解。不分男女大小，只有是非对错；不分成绩高低，只看尽力与否。父母不能光看到表面有形的假公平，孩子要的是实质无形的真正公平。

不公平！就是不公平

我们家两姐弟感情非常好，就因父母做得恰到好处。怕孩子心中有结有怨，在成长之路上，我们都是谨慎处理、小心排解。

在电视新闻中看到这个画面，一个支持美国总统候选人罗姆尼的孩子，坐在床上红着双眼，哭着直喊"不公平"，还不断往地上扔东西，妈妈试图安抚他，对他解释：

"我觉得很公平啊！每个人都去投票了。"

"不公平！我和弟弟都没投票。"

"要满十八岁才能投票。"

"那你还说每个人都去投票了？"

妈妈没有回答这个五岁小男孩的问题，因为妈妈不会回答；而小男孩认为自己有理，所以继续一边哭一边扔。此时，如果大人懒得继续进行解释，孩子自然会误以为妈妈已经默认了。

类似这样的事件在很多家庭里不断上演，父母永远被孩子牵着鼻子走，带不好孩子，更引导不了孩子。

如果是我，就一定不会这么"懒"，我会再补上一句：

"大部分满十八岁的合法选民都去投票了，我们必须尊重每个人的选择，这就是选举，这就是民主，这也就是公平。"

现代的孩子太早熟，接触到太多媒体信息，超过自己的心智年龄。遇到太聪明、又钻牛角尖的孩子，父母若不耐心讲解清楚，就会被孩子抓住语病，让大人下不了台。所以做大人的，语句不能含糊带过。

女儿在高中时，班上有一位同学，一直在喊不公平。因为她好不容易考到第二名，可以领到台北市教育局的一千元奖学金，却因户籍不在台北市而无法申领，改由第三名递补，所以一直抱怨：

"不公平！"

女儿放学回来和我聊到这件事，我说出了自己的想法：

"那是用自己的角度与立场在说话，今天她住外市，却占了本市一个名额，让纵然住在学校对面的孩子也无法就近读，难道这就是公平了吗？她可以就近读片区内高中领奖学金，这样是不是更公平？"

哎！人平不语，水平不流！任何事都只能尽量做到对多数人"相对公平"，很难对少数人"绝对公平"。自己也做不到的事就不要抱怨，要心存感激及珍惜当下。你觉得别人对你不公平，人家也觉得你占了便宜，不住台北市却要占台北市的资源。

现代孩子锱铢必较，不懂得感恩，这多少也和父母的心态有关。其实原本外市学生是可以领台北市政府的奖学金的，那时台北市的家长也会觉得公平吗？一定不会！

要让家里的孩子觉得真正公平，父母是关键角色，千万要小心处理，更要懂得察言观色。

当孩子抗议时，处理方法要适当，让双方没话说，这就是为何我的两个孩子现在不吵架、没心结，而且从不怀疑父母偏心小的、重男轻女或对成绩好的特别优待。

在我们家，一切以态度与证据说话，两姐弟感情非常好，就因父母做得恰到好处。怕孩子心中有结有怨，在他们成长之路上，我们都是谨慎处理、小心排解。

儿子读高一时要买一台笔记本电脑，方便作研究时记录，我马上配合，并同时告诉女儿不必眼红：

"只要你的功课有需要，我也会马上买给你。"

女儿点点头，我要做到让他们两个都没话说的真正公平。

有次太太心血来潮，买了一盒冰淇淋，为了公平起见，还挖出来以小磅秤测量分成四份，大家没话说。

也许你觉得奇怪，吃个冰淇淋何必这么麻烦？因为之前我们父子常开玩笑，指妈妈不公平，儿子不是说："爸爸的比较多！"就是说："姐姐的比较大！"我也常抱怨："你爱子不爱我啦！"气得太太干脆拿出磅秤，这样够公平了吧！

在我们家只有斗嘴，只有笑声，没有不公平！治家与治国一样，不患寡而患不均啊！

你们重女轻男，对女生比较好

不分男女大小，只有是非对错；不分成绩高低，只看尽力与否。不能光看到表面有形的假公平，我要的是实质无形的真正公平。

女儿从小就是乖乖女，常被调皮的弟弟欺负。我因同情弱者的心态作祟，在姐姐偶尔犯错时，总是舍不得骂就轻易放过；但弟弟看在眼里就很不服气：一样的错却不同待遇？

他认为在家里只要是他错，一定会被我骂，且毫不留情面，累积的这些不满终于在他小学时期的某一日彻底爆发：

"你们都凭印象就说我错，同样行为，为何姐姐没被骂而我被骂？你们都重女轻男，对姐姐比较好，连我们老师也一样，批评女生时都比较含蓄……"

儿子几次抗议下来，我和太太接收到了，知道他已不满许久了，导致心中不平衡。但我也不会置之不理，何况姐弟两个都是我的孩子。

我很纳闷：我有这样吗？会吗？我一直认为自己很公平。但仔细回想，儿子所言似乎也不假。

父母往往是在不知不觉中偏心，却还以为自己是现代包青天。或许是因从小女儿一骂就哭，于是心软舍不得骂。但弟弟就不同了，他是大错不犯，小错不断，看了就无法不生气，偏偏骂也骂不哭，直觉认为他无心悔改，于是更火大、更用力骂，这点我承认是我的错。

从这刻起，我自我检讨：要体会儿子的感受，不能再让他觉得大人偏心。为了儿子的教育问题，我还曾和太太吵到凌晨两点呢！本来是父子问题，结果却成了夫妻问题。

不过很意外的，这样反而造成儿子抗压性强：可能习惯了更耐骂吧？

"爸爸不对的部分我会修正，至于老师的部分，你只看到老师对男生比较凶，却没想过因为你们比较爱调皮捣蛋、不听话。如果男生也和女生一样乖，老师还是对男生比较凶，那才是老师的错。"

儿子没话说了，因为不要只想着检讨别人，也要回头看看自己是不是有问题。

从此以后，我吸取教训，也告诫自己不再犯。后来上初中了，女儿有一阵子常犯错，因此常被骂。儿子那段时间表现良好常被称赞，我曾偷瞄过他的表情，发现在我们批评女儿时，他是在窃笑，也许这时他心里舒服多了。我反问他：

"小学时都说我们重女轻男，不公平，对姐姐比较好。现在你怎么不说了？你还觉得我们重女轻男不公平吗？"

他说小时候不懂，现在长大了，明白了。

原本姐弟俩是在客厅共用餐桌一起写功课，但我们常在客厅聊天，弟弟又常吵姐姐，所以姐姐读初一时，我把她单独调到书房，安静，桌宽，视野好，又有冷气好舒服，这时弟弟又不爽了。

"我这是餐桌，又不是书桌，只能吹姐姐门口那台电风扇，不凉快又好吵。不公平，什么好的都给姐姐……"

这一次我有点生气了，说道：

"对，你说的没错，我真的很不公平！你们两个都是我的孩子，把你生成优等生，却把姐姐头脑生成那样。如果还是觉得不公平，你和姐姐的脑袋互换一下，那个位置给你坐，冷气给你吹，怎么样？"

儿子吓死了：什么？用我这个聪明的脑袋换那颗笨的？还是不要了，他连忙摇头拒绝。

"我才不要呢！我还是想要我自己的脑袋。爸！你很公平啦！"从此以后儿子绝口不提了。

妈妈也偷偷叫他来，不让姐姐听到，想不到儿子先开口：

"我知道你要说什么啦！"

"你天资聪颖，已得天独厚了，环境再怎么吵，但你记忆力好，还是第一名，但姐姐在嘈杂的环境下就没办法学习。书房对你而言是锦上添花，但对姐姐可是雪中送炭。唯有这个做法，你们两个才会同时进步。"

我们家不分男女大小，只有是非对错；不分成绩高低，只看尽力与否。不能光看到表面有形的假公平，我要的是实质无形的真正公平。

为什么我只能当个"小莒光号"

> 我们做父母的,只能扮好"调度车"的角色,等"自强号""莒光号"安全开走后,才敢放心地卸下重担,这就是"天下父母心"啊!

在家里会先跳出来提出不公平、爱计较的孩子,通常较聪明、调皮,脑筋也转得快,但却不一定是大的或小的。

我女儿的记忆力不是一般的差。我曾问她课本内文里提到的"侯门"是什么,她愣了近十秒,若有所思,好不容易挤出四个字:

"很大的门。"

侯门以前是大官的住宅,后来引申为有钱或显贵的家庭。刚解释完,十秒后妈妈又问一次:

"什么叫'侯门'?"妈妈很淡定地期待女儿的标准答案,女儿也胸有成竹地回答：

"很大的门。"我们全家都笑得前仰后翻。

又有一次考试卷中的错题，妈妈解释给女儿听："由于黄河经常发生水灾，不得不……"

商代国都经常迁徙有此一原因，妈妈把答案说了三四次后，再问女儿："商代为何迁都？"

"……"

女儿答不出来。妈妈虽气炸了，但还是耐住性子慢慢教。总不能放弃，女儿就是这样一块砖一块砖垒上来的，外人是难以体会个中辛酸的。

"嘘！小声点，姐姐在学习！"

女儿刚上初一，我们全家战战兢兢，生怕她的记忆力无法负担起初中加深加重的功课，但弟弟依然在状况外。这一年我与太太都是以姐姐优先考虑，姐姐学习时弟弟不准出声，但这样做就忽略了弟弟的感受。

从分房、分桌学习，到洗澡姐姐先洗、看光盘内容以姐姐的课程为主，连吹个笛子也不能在客厅，被赶到大房间去……的确，对弟弟来说有点不公平，他非常不服气，开始吃醋、抱怨。

"在家里什么都以姐姐为主，姐姐学习要小声，姐姐在客厅不能吵，要到书房写字什么都要让她……姐姐像是'自强号'，而我只能当个'小莒光号'①。每次都要让'自强号'先过，姐的事要紧，姐的时间宝贵……为什么总是我这个小的让大的？"

这林林总总的抱怨，都指明我们做父母的很偏心。但手心手背都是肉，我们怎可能厚此薄彼？

---

① "自强号"和"莒光号"是台湾地区的列车型号，好比祖国大陆的特快和普快列车。

放DVD教学片，也是以姐姐课程为主，因为弟弟记性好，提早学没问题。高中数学姐姐要看四次才会，而弟弟看一次就会，那应该以谁的需要为优先？以记忆速度来说，一辆是普快列车，弟弟这辆是"自强号"，怎么比呢？两个都是我的孩子，想让他们同时到达目的地，到底是普快列车要让"自强号"先过，还是"自强号"要先让普快列车？

我和太太一直向他解释："你本身绝不是'莒光号'，而是高铁的材料。姐动作慢、反应慢、理解力不佳，尤其记忆力很不好，你又不是不知道。你稍让一下，让姐姐做你的先遣部队，我们有宝贵的经验后，明年你会很好做事，轻轻松松顺着轨道走即可，不必像姐那么辛苦啊！"

我也举例给他听：

"如果不是她戴塑型眼镜①的经验复制给你，你的视力能恢复得这么好？如果不是她当你的垫脚石，你一路上不会那么顺利。什么都是姐姐先学、先闯、先冒险，你都是不费吹灰之力地捡现成的。你要感谢她而不是嫉妒、计较。"

"现在姐姐上初一了，学习任务重，让着她吧！"妈妈运用软诉求、哀兵政策说道。

"那我初一时，换她让我啰？"儿子反问。

"当然不是，你一路让。"开玩笑，一路让？你当姐姐是救护车？必须一路让？笨妈这种说法儿子怎可能接受？妈妈自己一边说，一边心虚地笑了出来。

"嘘！不要吵！等下妈妈再告诉你为什么。"

"你不用说了，你说的我都会背了。姐动作慢，我动作快，所以让她；

---

① 预防矫治青少年近视眼的眼镜。

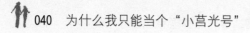

姐记性差,我记忆力强,所以要让她……"

妈妈吓一跳:怎么他都知道,而且是一字不差?"你能这样想,真是太棒了!将来要做大事业的人,怎么会这么小家子气地斤斤计较?再怎么样我们都是一家人啊!"妈妈赶快称赞地说。

在家中,我们做父母的,只能扮好"调度车"的角色,必须耐心等着"自强号""莒光号"安全开走后,才敢放心地卸下重担,安心收拾剩下的残局,这就是"天下父母心"啊!

为什么都要以姐姐为主

我这样做,姐姐没话说,弟弟更能体会出我们的用心良苦,没有谁让谁,也没有以谁为主,更没有分男女或大小,完全就事论事,依个人需要分配。

小时候儿子不懂,很爱计较,常常抱怨:"为什么做什么事都以姐姐为主?"

每个孩子的天赋不同,弟弟可以一边听音乐一边背诵,一心能好几用。每次他和姐姐一起看教学光盘时,还可以同时写学校功课:看数学时他写英文;看英文时他写生物。每次说他不认真时,他又辩说自己有这个能力。

在学校也是这样,老师上语文课,他在底下写数学;上数学课他写英文……老师多次纠正他,误以为是我这个老爸给孩子这么大的压力,逼得这么紧。其实那是他能力强、资质够。都是同一家工厂制造,为什么卸货时一个是优良品，另一个却是瑕疵品？

姐姐怕吵还记不住，弟弟背一分钟，她却要背五分钟，同一时间还只能做一项事情，又慢又没效率。与生俱来的资质，精华部分都被弟弟一人瓜分走了，请问老天公平吗？

聪明的孩子往往只看到自己利益损失的一面，而自己拥有的好的那些却不提。我们当父母的要看全面，两个孩子，不可能让资质相对差的那一个去自生自灭。如果牺牲一个，全力培养另一个，这不会是我们父母所为。

我用这样的比喻提醒儿子："你们姐弟的学习好像要去外婆家，你的记性就像中山高速路既短又直，不堵车时可以很快开到台南外婆家；姐姐像北二高速路既弯又长，如何花差不多时间与金钱同时到达外婆家？唯有让中山高速路堵一会车，北二高速路则要收费打点折扣。我现在就是在想办法让姐姐这条北二高速路不堵车，这样她才能和你这条中山高速路并驾齐驱啊！以你为主，中山高速路没堵车，北二高速路大堵，请问姐姐什么时候到得了外婆家？"

我和太太费了好一番唇舌，儿子才终于释怀，甘愿做到凡事让着姐姐，以姐姐为先。

儿子自称有阅读障碍及睡眠障碍，很难入睡，因此很怕换床。几个月前，岳父岳母和一位女性亲戚来我家，家里只有卧室能睡四人，和太太商量的结果，决定让高三功课繁重的儿子和太太睡原位，岳母和女性亲戚也睡卧室，我、岳父及女儿睡客厅沙发。

怎么这样分？为什么要这么麻烦？只要让弟弟睡客厅，姐姐不动，这样女生不就可以刚好一间？

大家有所不知了，女儿和我都是很好入睡的那种人，就算睡在猪圈里照样很好睡，不到两分钟就见到周公了；但太太和儿子很难。

所以我考虑的不是男女，而是个人体质，唯有如此，姐弟俩才能同时"见到周公"，很快入睡。我这样做，姐姐没话说，弟弟更能体会我们的用心良苦：没有谁让谁，也没有以谁为主，更没有分男女或大小，完全就事论事，依个人需要分配。

真正的公平，不是从你现在看到的开始算，而是要打从娘胎基因开始，"公平"二字才能经得起时间的考验，不然都是表面的假公平。

你们大人都偏心

经过父母长期开导、解释,两姐弟都能充分理解:快乐当自己最好,要尽量放大对方的优点。就如我看姐姐努力认真、态度佳,看弟弟资质聪颖、触类旁通。

前几年到南投埔里①演讲,结束后一位妈妈向我诉苦:她家有两个孩子,姐姐从不让着妹妹。而在场的姐姐则反击说:爸妈偏心,对妹妹偏爱;妹妹不如她聪明、伶牙俐齿,自然惹人疼惜。我说:

"好,那么叫妹妹让你,换爸妈偏爱你,但妹妹比较聪明,对调过来要不要?"

"不要!"小女孩连忙摇头大声拒绝。

"原本说爸妈偏心,现在要对调也不要,大人是看全面,你只看你自

---

① 埔里镇,位于中国台湾省南投县北部。

己，只想分到好的部分，请问这又公平吗？"

"你们大人都偏心！"这句话在别的家庭是大的要让小的，在我们家却是小的要让大的。

虽然儿子自认样样行，篮球、躲避球、笛子、数学、英文、电脑……没有一样难得倒他，但在家我们是看态度，而不是以成绩为标准的。

所以，在我们家，姐姐并不会活在弟弟的阴影之下，弟弟更不可能以功课好而受优待，做出任何不对的行为。

弟弟就曾经抗议：姐姐历史45分没事，还被安慰，自己常考100分却还被骂。妈妈于是说重话了：

"她已经背得很卖命了，认真又尽力，好不容易才考到45分，难道还要骂她？而你的100分是靠天生的资质，不费吹灰之力，随便考一考而已。轻浮不屑的态度和满分是两回事，既然你说不公平，那你来当较不聪明的姐姐好了。"

"不要！"

"说不公平又不要换，那什么好的都给你，老天爷就公平吗？对姐姐公平吗？"

"算了，我牺牲一点，不跟她计较。"

儿子认为姐姐的头脑很可怕，自然不想当她。妈妈反问女儿："愿不愿当弟弟？既然你也说不公平，羡慕他这么聪明，又跟在你后面取经验，可是调皮、字丑、人缘差、脾气不好，常忘了带课本被老师点名、罚站，常忘了洗脸被父母骂，你确定要当弟弟？"

"不要！丢脸死了。"女儿连忙使劲儿摇头，毫不考虑就一口回绝，觉得还是当自己比较好。

这就奇怪了：互说不公平、吃对方的醋，却又不想互换，这是"闹哪样"？矛盾啊！因为他们只想保有自己好的优点，缺点都不要——这当然是不可能的。羡慕对方的话，优缺点都要全盘接收。

经过父母长期开导、解释，两姐弟都能充分理解：快乐当自己最好，要尽量放大对方的优点。就如我看姐姐努力认真、态度佳，看弟弟资质聪颖、学东西快、触类旁通；反之，如只一味想到一个头脑很钝、一个这么讨人厌，那每天我的心情会跌到谷底。

转个弯多正面思考，就如乐观者看到的是甜甜圈，悲观者看到的是窟窿。

老大都是试验品,真倒霉

姐弟俩常有说有笑,互相体谅、互相帮忙、互相分享,取人之长,补己之短。对立的局面翻转为和谐、幽默的情感氛围,完全忘了小学时两人互相吃醋、针锋相对的事情了。而这一切都要归功于父母排解时智慧的回答。

家家有本难念的经,我家也不例外。不只是儿子会抱怨而已,女儿也一直觉得很不公平。

"弟弟那么聪明,像我们班上的优等生,随便学一学就满分;同样背一课英文单词,我要花半小时,弟弟不到十分钟,考出来分数还比我高!"

"弟弟比较幸运,什么事情都在我后面就好了。像塑型镜片也是等我近视四百度试戴稳定后,弟弟才去配,现在控制在一两百度。凡事我都先冲、先闯、先试,好像试验品。反正老大都比较吃亏。"

知道姐姐心中有怨言时，我也会极力适时化解她心中的不满：

"当老大可以说是很倒霉没错，但也是最幸运的，端看你看的是哪一面。你无法控制他人，但你可以掌握自己；你无法左右天气，但你可以改变心情。同理，你无法决定长幼顺序，但你可以正面思考，乐观地去看好的那一面。

"第一胎是最被全家人期待的，爸妈、外公、外婆满满的爱为你独有，集万千宠爱于一身。包括新衣服、玩具都是你先穿、先玩，弟弟都是接收你用过、穿过的，小学制服不就是这样？书桌你先选，位置也是以你优先，而弟弟都选你剩下的。这些都是老大才有的权利。

"因为期待高，又是第一个，也许要求会较严格。但也因为如此，普遍素质较高、较有气质，长大了较成气候。也因为比较懂事，更是为父母倚重的第一选择。第二胎父母自认有老大经验了，心态上松懈许多，不再那么一板一眼，怜惜小的反而把孩子宠坏了。正所谓'老大照书养，老二照猪养'，你想当那只被宠坏的'猪'，还是那本有气质的'书'？"

最新的美国研究报告指出，手足之情对于心理健康具有帮助，但这也要看父母如何陪伴引导。许多人因替姐姐担心，问过我同样的问题：面对弟弟优秀的成绩，姐姐的压力会不会很大？

刚开始也许会，但靠着父母不断开导、适当排解，成绩只是一方面而已，让孩子知道父母更重视其品格及态度，努力才是关键。要让孩子从内心信服，这样彼此之间才不会有疙瘩。他们现在感情很好，也很融洽，不再抱怨、吵架，轻松快乐做自己，女儿又怎会有压力及阴影？一次睡前躺在床上，她还开玩笑地对弟弟说：

"只会学习却没能力和态度也没用啦！"聪明的反而被不聪明的取笑，

弟弟只能苦笑，但也没出口反击。谈到态度，姐姐能活出自我，活出自信，让聪明的弟弟羡慕。有一天，弟弟忙着准备比赛，姐姐却优哉游哉在书房喊着：

"'尼克队'有没有出来啊？"

妈妈很纳闷儿：她根本没看篮球，怎么关心起林书豪了？

妈说："你要看吗？"女儿听后感觉莫名其妙。

爸说："明天才有比赛呢！这次已经四连败了，心里一定很不好受。"

姐说："你们两个在说什么啊？我是问'滴惠桂'①有没有出来。我今天想吃猪血糕啦！什么'尼克队'？"

弟说："我也是听成'尼克队'！"我说城门楼，你给我听成火车头？

四个人鸡同鸭讲，笑到不行。姐弟俩常有说有笑，互相体谅、互相帮忙、互相分享，取人之长，补己之短。对立的局面翻转为和谐、幽默的情感氛围，完全忘了小学时两人互相吃醋、针锋相对的事情了。而这一切都要归功于父母排解时智慧的回答。

---

① 闽南语，即猪血糕。

我宁愿当那只猪

陪他耗,玩到底,打蛇随棍上,找出孩子在意的、惊怕的点,反击回去就对了。调皮的孩子遇到我,会被我打回原形;但一窍不通的父母,就只能被气得七窍生烟了。

去年的一个晚上,刚好看到一位老师在电视上演讲,提到一个孩子跟着妈妈去拜佛,妈妈很虔诚地在跪拜。

这时一个卖冰淇淋的从旁边经过,孩子便一直吵着要妈妈买。

"你不要吵啦!我在拜佛祖。"妈很专注,但孩子很急,说道:

"妈妈,等下你再拜佛祖佛祖也不会跑掉,但你现在不去买,那个卖冰淇淋的就走远了。"

妈妈听了好像觉得有道理,但又似是而非。这就是聪明的孩子模糊事实,又遇到不会回答的妈妈。如果你是这位妈妈,你会先拜佛,还是先去买冰淇淋？我不会先去买冰淇淋，陷入孩子的圈套，日后将会没完没了。我会告诉孩子：

"佛祖不会跑掉没错，但如果你不吵，让我诚心拜完，佛祖一定会保佑你等下有更好吃的东西！"

如果凑巧过会儿又来一个卖冰淇淋的，这回答就算功德圆满；万一没来，就专程去买给他吃吧！如此一来，孩子以后就会乖乖听你的话。

对于脑筋转得快的孩子，千万不能用正常思维去回答，不然很容易落入孩子的圈套。要以他的歪理想出更歪的理，才能牵制住他。

上一篇谈到"老大照书养，老二照猪养"，在家里"打乖乖牌"的女儿，一定认为我说得有理，不可能再顶回来，当然是要当"一本有气质的书"。但万一老大是个像我儿子那样调皮的小子，故意回答"我宁愿当那只猪"，不就换大人没话说了，气势马上矮一截？但我不会这样轻轻放过，我会告诉他：

"好，既然你想当那只猪，我也没意见。猪是不会看电视、上网、打游戏的，更不可能吹冷气、洗澡，晚餐时我就会去收集泔水。"

为了让孩子说话负责、承担自己口舌之快的结果，我会真的去拿泔水，让孩子知道饭可乱吃，话不能乱说，让孩子马上感受他说的、他要的真实情境。不管好的、不好的都给他——不能只要自己想要的部分，不好的也必须一起打包。

姐姐高一时，我花了近万元，买了一台新的翻译机，彩色屏幕功能超多，单词量大，弟弟吃醋向我抗议："姐姐都有新的了。"我回应他：

"这就奇怪了，你不是想当老二成为猪吗？为什么又来羡慕老大什么都可以先有，还是最新的？"

我提这段，是希望父母从日常生活中找出孩子自相矛盾的话或行为"堵"回去就对了。既羡慕老大又不想成为试验品？那什么好的都给你，也不用争当老大、老二，我这个老爸让你当好了，你可以再顶嘴说"好啊"？那你赚钱我读书！

聪明孩子顶嘴没有逻辑，父母回答也一定要变换思维，如果还是以老掉牙的传统思维回答孩子，势必未战先败！

儿子很爱搞怪，有次趁妈妈离开时在她的Facebook写"啦"，至少复制了一千次，妈妈看到后大为光火，喝止道：

"不要动我的电脑！整个版面都被你给'啦'满了。"儿子好得意，因为大人愈抓狂，他就愈高兴，这本来就是他恶搞的目的，因此很有成就感。

这时我教太太将计就计，故意大声喊：

"把他上传上去！就说这是我儿子弄的。"这下换儿子紧张了，爱面子的他，知道这样做会破坏自己形象。等妈妈一离开电脑，他又急忙找到刚才恶搞的画面，迅速删掉。

陪他耗，玩到底，打蛇随棍上，找出孩子在意的、惊怕的点，反击回去就对了。调皮的孩子遇到我，会被我打回原形；但一窍不通的父母，就只能被气得七窍生烟了。

弟弟都那么调皮，很讨厌

我告诉姐姐，别妄想有个聪明又不调皮的弟弟。如果有这么好的事，你自己变聪明就好了。

一般而言，只要是兄弟姐妹，在小时候难免会时有龃龉，在我家当然也不例外，这都是普遍、正常的现象。

我家女儿虽是乖乖女，和同学相处融洽，谦虚有礼，奇怪的是在中、小学期间，就是和儿子互相看不对眼。凡事宁愿自己吃亏也不占别人便宜的姐姐，唯独针对弟弟，毫不相让。

她自己是个中规中矩的人，看到弟弟那么调皮，总是很反感，很讨厌。女儿小学三年级时生活小日记上就这样写着：

"就是因为弟弟这么顽皮，我才不怎么喜欢和他在一起。每次写作业时,一定要发出怪声吵我,他才高兴!现在马上要测验考试了,如果每天和弟弟这种人一起在家里,肯定复习不好,过不久就会疯掉。

幸好现在每天学校都有晚自习,可以脱离弟弟的魔掌。本来假日只有晚上的辅导班,为了避免在家'学习',临时决定去下午的自习。这样待在家里的时间,真的少到不能再少。

爸爸妈妈说,我不在家时,弟弟都很安静;我一回家,他怪声就又出来了,还对我说:'你不在我好无聊喔!'奇怪!难道吵我是他的乐趣之一?

还好我现在大部分时间都不在家,否则我的测验考试就完蛋了……哈哈!顽皮的弟弟。"

想不到傻傻的姐姐,也是满腹委屈与牢骚,三五不时地讲出来,大概心里会舒坦一些。尤其弟弟的调皮,已经踩到她的警戒线,简直到了不可原谅的地步,几乎快翻脸,更是时常向父母告状。

我也觉得很烦,两个孩子小学时常斗嘴,公说公有理,婆说婆有理,常常要动用我这个包青天来仲裁,当和事佬排解纠纷。

直到初中的一天,姐姐老调重弹又在翻旧账,抱怨弟弟怎么那么调皮,真是讨厌!妈妈听到反问她:

"弟弟如果不调皮,会这么聪明吗?请问你现在数学问谁?物理又是谁教你的啊?"

这时姐姐才哑口无言。多想想对方的好处吧,姐姐希望弟弟是不调皮又不聪明,也不会教自己数学、物理吗?如果不是弟弟辅导,姐姐的理科早就挂科了。我告诉姐姐，别妄想有个聪明又不调皮的弟弟。如果有这么好的事，你自己变聪明就好了。

女儿觉得有道理，从此以后对弟弟的态度有了180度的大转变，再也不嫌弟弟调皮讨厌了。回想起来这个弟弟虽调皮了点，但一路过来确实帮自己很大忙，尤其在功课方面。

记得有一次弟弟教她数学，教一次不会、两次不会，教到无奈，露出痛苦表情，捶胸顿足，直苦笑嚷嚷还半哭状：

"怎么会这样？怎么会这样（难教）？"儿子很会演，哭得很大声。

姐姐还一直笑。又讲解了近20分钟，她终于懂了，弟弟也终于松了一口气，刚离开一下……"弟弟，过来，还是不懂！"我看到儿子直接"昏倒"在地板上，最后来来回回教了五六次。这种弟弟哪里找？

有眼不识宝，灵芝你当野草？

你比较爱弟弟

一般我们会认为大的比较懂事，理所当然要让小的，不要跟不懂的计较。但到底是懂事的要教，还是不懂的要教呢？

只要是人，都有类似通病：同情弱者，不管较小的或较老的，有时第一时间会陷入误判、错判的局面。

汽车撞到自行车一定是汽车的责任？自行车撞到行人一定是自行车的错？所以，在家里，大的要让小的，男的要让女的，功课不好的要让功课好的？

如果家长存有这样盲目的想法，如此是非不分，大的会很不平，小的会被你宠坏，那么结果会是两败俱伤、一无所有。两个孩子长大后都会对你不满。

有这样一位妈妈，因大儿子很聪明、鬼点子多而无力招架，所以打电话来问我该怎么办。一天，孩子耍脾气不好好写作业，拖拖拉拉、心不在焉、消极抵制，妈妈提醒也不管用。后来一问，才知道孩子想玩平板电脑，妈妈认为玩平板电脑会浪费时间，且对眼睛不好，而不准他玩，所以，孩子郁郁寡欢，做作业不积极。

"写完作业你可以让他玩，以一天半小时为宜，但玩了平板电脑就没有看动画片的时间了！先讲清楚，完全禁止是不对的，会让他失去动力。不妨先陪弟弟做功课，暂时冷落哥哥一下。"

"可是他会说我比较爱弟弟。"可能以前哥哥常说这句话顶妈妈，妈妈也因不会回答，怕这句话又会"卷土重来"。我建议她这样回答：

"我是比较爱乖巧听话的孩子。是你不写作业、不让我陪，而弟弟非常配合我、听我的话，我只好先陪弟弟。如果你也这么专心、听话，我马上陪你，也会更爱你。"

妈妈这样回答，就轻松地把责任推给了哥哥。孩子就是这么单纯，之后不久，果然成绩大幅提高，妈妈打来电话感谢，说读二年级的老大坏习惯已改掉许多，不再拖拖拉拉。

另一位妈妈也怕被老大误会父母比较疼小的，只要弟弟有的玩具，哥哥一定也会有。弟弟表现好，爸妈买玩具奖励，但怕哥哥吃醋说比较爱弟弟、不公平，所以也会买一份玩具给哥哥。结果哥哥的表现不是很理想，父母不知该怎么办。

这才是真正的不公平。虽然表面上看很公平，可实际上呢？只在意哥哥的想法，难道弟弟的想法就不重要吗？莫非是让弟弟以后学哥哥一样，表现不好也一样有奖励？父母如能坚持实质上的公平，坐一望二，至少有一个好。而表面公平呢？两个都好不了。

另一位上过我课的妈妈，也处于"大的一定要让小的"的迷糊观念当中。只要兄弟俩吵架，不分青红皂白，一定只打哥哥，要老大让弟弟。此举也让老大心生不满，"都是弟弟害我被打"；同时也把小的宠成"凡事一定自己对"——装可怜，先哭就对了。

我劝这位妈妈不要再打已经上小学的老大：孩子已有自尊，也会记仇，更不能有"大的一定要让小的"这种歪理。

一般我们会认为大的比较懂事，理所当然要让小的，不要跟不懂的计较。但到底是懂事的要教，还是不懂的要教呢？

两年之后，太太问这孩子："妈妈还有没有打你啊？"孩子高兴地答说："没有。"目前这孩子学习很快乐，被父母教育得也很好，懂得感恩，过年过节一定会打电话来问候，乖巧有礼貌，功课极突出，也不再记恨弟弟了。

只要爸妈做到真公平，自然能让孩子心服口服，再也不会拳脚相向了。

你们标准不一啦

父母对于孩子,没有喜欢或讨厌的权利。抱怨孩子大了愈来愈难教?其实是你没用心听进孩子的话。

有一次,我应邀到新北市一所小学演讲。结束后,一位女老师告诉我:她儿子和我儿子一样粗心马虎,经常丢三落四,她女儿直喊不公平,怎么可以这样?

我告诉她:"那是你处理得不好,也不会说话。"

花了五分钟,告诉这位老师我家的例子及做法后,临走前她告诉我:"我知道该怎么做了。"

在孩子小时候,兄弟姐妹有纷争,若父母处理不当,恐怕会在孩子成长过程中留下阴影,而这种后遗症本来是可以避免的。

太太曾经接了一通电话,谈了一个多小时,解答一位读者妈妈的疑惑。

对方抱怨：怎么老大这么难带？这么不听话？补习后功课还是平平，上课也不专心，常故意和老师唱反调，作业不想写就放着，通知家长也不怕，每天浑浑噩噩混日子。

细谈之后才知道，问题出在大人的标准不一：可怜、同情小的，对大的标准较严格，妈妈以自己的标准论公平，没按照当初的游戏规则。当老大犯错，踩到妈妈的底线，就被禁足、扣零用钱，毫不手软留情面；反观妹妹犯错了却不见动静。哥哥看在眼里，向妈妈抗议，得到的答案居然是："妹妹犯的错比较轻微"，可以放过。

心中长期累积不满，无力改变大人的偏心，上初中的哥哥只能消极无言地抗议，选择改变自己，自我放逐。而且青春期的哥哥，开始逆反了，懂得和父母对着干。如何打开这个结？

太太建议她找个时间，坐下来跟孩子好好谈一谈，该道歉的道歉，该修正的修正，大家重新归零，保证此后不再偏袒。

关系回不去是父母做得不当、关爱不足、陪伴弥补得不到位；如果做到位了，孩子一定会释然，也会回得来。

儿子小学时的一位同学，就长期活在姐姐的阴影下。他以前学习成绩很差，参加篮球队后，一次终于考了个第三名，向儿子说出了自己藏在心中已久的秘密：

"姐姐一直都是第一名，我从未有过。我在家里永远没有地位。"

这位同学资质很好，但自信心却被父母比了下去。太太听到后，哈哈大笑告诉儿子：

"你可以对他说，我从一年级到六年级都是第一名，在家里也没什么地位，不要难过。"

第二章　怎样摆平孩子心中的不平

古往今来，许多姐妹从小失和，兄弟长大翻脸、同室操戈的例子，大部分都归因于父母偏颇或处理不当。

曾有新闻报道，有一名六年级的女生因觉得"爸妈对姐姐比较好"而想不开竟留下遗书，打算和网友一起寻短见。

也有一位上高一的男生，认为父母较疼爱弟弟，因此心情沮丧从学校三楼往下跳；甚至有杀死母兄的，只因父母偏爱哥哥及弟弟。

父母对于孩子，没有喜欢或讨厌的权利。抱怨孩子大了愈来愈难教？其实是你没用心听进孩子的话。许多问题可能孩子老早就向你反映过，麻烦出来后你却又怪罪孩子不听话，这是没有道理的，更是不公平的。

一尺布，尚可缝；一斗粟，尚可舂；兄弟二人不相容？至亲不伤百年和啊！

第三章
怎样解决孩子沉迷于电脑游戏的问题

电脑游戏不是不能打,而是不要打太久。让孩子弹性决定时间,自我负责、自我承受,甚至无限畅玩,前提是不影响学习。

小时候可以,现在为什么不行

> 沉迷于网络绝非只是孩子单方面的错而已,父母的问题更大!父母还是要多花点时间陪陪孩子,别让那冷冰冰的电脑成为孩子唯一的朋友。

去年,我在桃园大溪的仁和初中有一场演讲,在三个小时的演讲时间里,听众非常踊跃,多达三四百人的家长及初中生积极参与、互动。

结束前,一位妈妈举手发问,她说自己的孩子打游戏已到沉迷的程度,问我该怎么办。我看到台下一大片听众在连连点头,显然大家都遇到了这样的苦恼,原来这已是普遍现象。

"成绩好不好?"

"还不错!"

这个孩子属聪明型,只是未定性,缺乏自制力,初中功课相对不太繁重，还可以靠自己的聪明脑袋应付过去，但到了高中就会出问题。自制力不好的原因在于小学功课少、时间多，大人也图方便、忘了陪，把孩子丢给电脑——反正功课也不错，优待一点也没关系。

没有规范之下，习惯模式就是这样：没有约束，随心所欲。上初中了，父母紧张了，却也管不了了。孩子认为自己的娱乐时间被剥夺完全没有道理：既然以前小学可以，现在为什么不行？

小学半票，现在还可以半票吗？小学吃饭吃半碗，现在还吃半碗吗？我建议这位妈妈先要弄清楚，孩子打游戏的最大原因是沉迷还是纾解压力，之后再来对症下药。

没有自制力的沉迷，是孩子小学时妈妈的默许纵容、无节制、未定游戏规则所致。这时也可由爸爸出来"扮黑脸"，妈妈再推说是爸爸有意见。先承认以前是新手妈妈不懂、不对，现在你上初中了，需要重新修正一下，等考上高中再恢复开放。

一下子要改并不容易，也会引起孩子抗拒，倒不如来个道德劝说，或谈个条件：以每天固定半小时到一小时为基准，功课进步可适当延长时间，比如五分钟、十分钟；但退步也要相应缩减时间，视进、退步的幅度，事先讲好规则，大家甘愿执行。

孩子现在已上初中了，父母更要沉得住气，等待时机，不要马上全面禁止，否则容易引起青春期孩子的逆反情绪，自暴自弃反而不好。反之，功课良好且稳定，游戏应视为孩子放松、舒缓压力的一种激励形式。其实，玩游戏不是什么大问题，问题的关键在于父母有没有和孩子事先约定好固定的时间。

我儿子在小学时期也沉迷于游戏，幸好我抓得很紧。有次英语考试，满分五分,他却只考了一分,表现太差,理由是读错页,频频说下次要"雪耻"。到了星期六早上,家教英文老师快来了,儿子还在打游戏,我叫他下来背单词,他说还有七分钟……

结果来不及背,第二次考了两分,妈妈抓狂。怕妈妈扣全学期的游戏时间,儿子自己先承认不对,并主动要求罚一天不打。我笑他舍不得七分钟,结果少打了四十分钟,得不偿失。但为什么是扣四十分钟?因为之前表现好可多加十分钟,表现不好自然扣回来,大家没话说。

小学压力小,无需靠游戏解压,所以半小时解解渴可以接受。初中可加长十分钟,功课好、压力大,靠打游戏解压无可厚非;但如果功课不好,表示压力不大,又何需减压?既然无须减压,就不必打那么久。

到了高中,道理也是一样。假如孩子的态度没问题,我认为应该放开,让孩子弹性决定时间,自我负责、自我承受,甚至无限畅玩,前提是不影响学习。反之,退步或表现不好,"福利"就收回来。总之,可粗略用两种分法:

一、以年龄分:小学固定时间,初中略长,高中放开。

二、以态度分:表现好多打,反之少打。

而我的经验是交叉运用,同时考虑年龄和态度,让孩子发自内心地接受我的观点,慢慢修正。因为很难一次到位,除非持续追踪、坚持。

前几年,台南曾有位十岁男童,在游艺场打游戏时遭割颈被杀害,事后他的母亲才说出内心后悔的话:"儿子乖巧,但从小爱打游戏,因未影响课业,也就睁一只眼闭一只眼。"这真是"爱之适足以害之"!

这也让我想起,几年前到北投①初中演讲时,遇到一位既善解人意又心

---

① 北投区,位于台北市最北方。

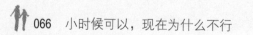

肠软的妈妈。提及独生女儿上高中后，对学习完全没自信，数学不好，补习回来后每天睡得很晚，周末除非要补习，总想睡到自然醒。因读私立高中怕被留级，妈妈总是一直鼓励她而没有苛责，但女儿似乎没有听进去，一回到家就打游戏，到十一二点才睡；第二天上学功课紧张，在家没时间看书，放学回来又是游戏。妈妈心想孩子功课紧、很可怜，让她放松下，结果早晨起床时却叫也叫不起来了。日复一日，恶性循环，孩子现在这样，真不知道该怎么办。

我对这位妈妈说："这是从小被你的没原则宠坏了。这一切是谁默许的？要是我，我会坐下来与孩子好好地谈一谈，不听？如果留级能改变孩子的沉迷，我会让孩子留级，至少让她学会负责及承受。"而另一位父亲就做得很好：设定时间，时间一到电脑会提醒关机。有一次时间到了，孩子告诉爸爸说还剩几秒就能过关，他直接把账号全部删掉。所以孩子会沉迷，到底是谁的错？

小时候习惯把孩子交给电视、电脑，小时候不管，等孩子长大了当然管不了他。沉迷于网络绝非只是孩子单方面的错而已，父母的问题更大！因此，父母还是要多花点时间陪陪孩子，别让那冷冰冰的电脑成为孩子唯一的朋友。

为什么我不能打游戏

> 游戏不是不能打，而是不要打太久，要懂得自我克制。每打三十分钟要休息一下，更不能忘了读书。

在这3C时代，孩子抱怨最多的往往是："为什么我不能打游戏？"而妈妈禁止的理由也很简单："玩太多会影响学习。"

但这样的回答孩子怎么可能会接受？如果孩子反驳道："你不让我玩，我的学习也没进步啊？"这时妈妈的脸就该被气绿了。

我的两个孩子读小学、初中时，除非说谎、表现很差或超过了预定的时间，一般每天都有固定的打游戏时间，表现好可加分，让孩子有动力、有期待。完全禁止或玩太久，这种过与不及都是不对的。所以我教妈妈这样回答，会比完全禁止更具说服力：

"我没说不能打，但至少不能影响功课；如果影响到了功课，就表示打太多了，时间必须做调整。长时间熬夜上网，免疫力会下降；打太久不休息，损害视力。即使你功课很好，伤身伤眼也已经不对了，何况你自认功课很好吗？"

适当的打游戏的时间，可以算得上是激发孩子上进用功的动力，可是孩子他动了吗？动了，父母不让打，这是父母的错；但今天孩子没动，父母还是一直纵容他打，父母的错就更大。

孩子表现好，多加几分钟的游戏时间，这样的调整能接受；但不能退步了还多加时间，难道父母要鼓励一个不用功的孩子？

父母因孩子学习压力大，就让他打，这么做不对。解压固然应该，但课业表现不好，又何来压力需要纾解呢？既然没压力，又为何要打？

孩子功课很差，又告诉父母自己压力很大；表现不好，又要求游戏要打很久，父母应该接受吗？如果答应了，就不是好父母，因为这样的放纵等于间接害了他，剥夺他的学习时间，成为他堕落的帮凶。

自制力不足的孩子，日后是难成大器的。孩子想打多久游戏，就请他拿出自己的实力来证明。要告诉孩子："掌控一切的主动权是在你手上，有决定权的人是你，不是我啊！"

孩子今天会沉迷于网络世界，大多是小时候没人陪伴、自己在家，身边只有电脑，因而上网成为一种习惯，长大自然而然找电脑陪而不是找你陪了。这时父母才发现端倪，想要孩子远离3C产品。其实，父母才是这一切的始作俑者。

父母不该把3C产品当奶嘴，让孩子过早接触，那样很容易造成孩子注意力不集中，无法控制情绪；只会滑手机，只对平板有兴趣，这样就不再吵闹，父母开始乐得轻松。

打游戏长大的青少年，长大后缺少与人相处的技能，不懂得和左邻右舍打招呼，只想低头摆弄手机。3C产品让人变得冷漠、没有人情味，尤以大城市最为明显。城里人到乡下，有人出来迎；乡下人进城里，无人问姓名。

有些父母连自己都"中毒"甚深，几乎一刻也离不开手机，火车上、汽车上，甚至自行车等个红灯、浴室洗个澡，都耐不住寂寞。这种身教当然会让你的孩子跟着一起沉迷，这叫"大狗爬墙，小狗看样"。这样的父母当然管不了孩子，但又是谁从小让孩子形成这样的习惯的呢？

游戏不是不能打，而是不要打太久，要懂得自我克制。每打三十分钟要休息一下，更不能忘了读书。

打游戏会近视,读书也会啊

遇到耍嘴皮子的调皮孩子,不能以正常答案回答,不然会被他吃得死死的;要善用时机,用幽默让孩子自投罗网。

"你写那么久了,一个'为什么不能打游戏'还没写出来?"

太太在客厅大声质疑我,我还没来得及回答,在书房里不甘寂寞的儿子已冲了出来,急忙显摆他那自以为是的小聪明:

"爸爸一定是在写近视!"

"没错,但会造成近视只是不能打游戏太久的原因之一而已。"我回答。

"打游戏会近视,但读书也会近视啊!既然都一样,还是不要读书好了。"

当遇到孩子这种故意搅局式的歪理邪说时,父母千万不要忙着生气,要耐住性子,要善用时机,用幽默让孩子自投罗网。

我就是这样，用镇定与微笑向儿子说一声"谢谢"。儿子听后，脸上原本气势十足故意耍我的得意表情不见了。他大概会觉得莫名其妙：爸爸从来没有这么有礼貌过啊？搞不清楚状况的他自言自语："就这样吗？"

妈妈大笑解释道："就是这样，你爸爸写着写着已没有什么好写的了，你这么一插嘴，他当然要谢谢你的宝贵意见。"

我随即再补上一枪："没错，你的话被我当成笑话，大概可以再写两页。"

我没有完全反对孩子打游戏，只是强调眼睛需要休息，因此即使是学习，我也照样要求他们每隔半小时就要起来动一动。

读书与打游戏虽然都会使眼睛疲劳，容易得近视，但打游戏的快乐很快就会过去，而读书的快乐却会保留一辈子，等级天壤之别。我问儿子：

"到台南外婆家，你坐普快火车十个小时也可以到，那又何必坐四小时就能到的高铁？反正一样都能到。电信公司让你上网吃到饱，那你晚餐不要再喊饿了，反正一样是吃到饱。既然都一样，就照你的意思去做好了！"

儿子觉得又被反将了一军，笑一笑，无趣地钻入书房。

在现今这3C时代，有些孩子打游戏一天要玩三四个小时，两个月的暑假下来，近视恶化一百度，家长后悔也来不及了。

还有一位沉迷于网络的男子，一碰到电脑连饭都忘了吃，一路打到猝死在网吧里。这不是夸张，当网吧老板发现他不动时，其实他早已气绝多时，但两眼仍注视屏幕，双手还放在键盘上。

去年，女儿还有十天就要考试了，我问她：

"你要你妈去陪考吗？"

"不用啦！"

"你本来不是要爸爸去陪考吗?"妈妈反问。

"现在不用了,原本以为是在别的学校考,今年刚好考区就在我们学校,熟得很,所以不用。"

弟弟在旁边听到不用陪,也故意假好心地说:"那我陪你去好了。"耍嘴皮的弟弟以为姐姐会说"不用了",哪知姐姐笑着回答:"好啊!我等你。"反将了弟弟一军。

多嘴的儿子玩到自己,但那是他自找的。遇到这种只会耍嘴皮子的调皮孩子,不能以正常答案回答,不然会被他吃得死死的。现在姐姐也长大了,已学会了对付他的方式。

你不让我打，功课也没进步啊

这不只是电脑的问题，而是心态上的问题了。许多孩子非常聪明，从小就懂得和父母耍心机，直到父母投降为止。

有位读者跟我说，她读初一的儿子白天上课，一放学回家就无所事事，从不温习功课。虽然成绩中上等，但对于复习功课就是缺乏兴趣。她不知要如何与强硬又叛逆的"男生"沟通，只是感叹父母难为！

但是在我看来，大多数父母不是难为，是不会为，也不知该如何为，或以前没有为。

孩子学习提不起劲？原因大多还是与父母有关。要禁止孩子用电脑吗？当然不是这样！父母应该要知道如何给，给得漂亮，要有价值、有意义地给，这样孩子才会更有动力学习。

另一位妈妈看完了我的第五本书《不补习也能教出金牌儿》后留言，

提及她正在上建中①的儿子最近成绩直线下降，原因无他，只因迷上了网络游戏。

儿子每天一下课就上网，这次阶段考试甚至三科不及格，爸爸知道后非常生气，并让妈妈转告儿子：暑假开始到考上大学前，电脑必须搬出房间。妈妈不知要如何开口和儿子沟通，只好求救于我。

这个男孩主观意识极强，要找个能降住他的人来谈才有用，不然电脑搬到哪里都一样，因为他的心早就跟着电脑跑了。何况即便家里不能打，他还可以到外面打，在学校借同学的平板或手机来打，家长怎么禁止？不但禁止不了，成绩也不会提高。

这一看就是孩子以前功课好时，家长对其打游戏的用时问题从未加以约束；但如今麻烦来了，高中功课繁重，加上建中卧虎藏龙，学生都是台湾各地的精英，成绩一个比一个棒，甚至很多是"神童"，这个孩子已经无法再以小聪明得到好成绩了。

在父母长期的纵容下，他的习惯与性情已经基本形成了，如今要更正，限制其打游戏的时间，其实也已经来不及了。我们大家都经历过青春期，深知这已不只是电脑的问题，而是心态上的问题了。

有些孩子非常聪明，从小就懂得和父母耍心机，直到父母投降为止。一位读者打电话到我家，抱怨她上小学二年级的儿子个性就是拖拖拉拉，写个功课慢慢吞吞，问我有何妙方。

在我看来，这位妈妈制定的游戏规则，不是前提不够，就是诱因不够。例如她说只有周六、日才给孩子半小时的打游戏时间。我说这样太少，诱因不够，每天至少要有半小时。

---

① 台北市立建国高级中学。

"可是平日连做作业时间都不够,哪儿有时间打游戏?"

"不是时间不够,而是效率不高。为什么不把打游戏当成对孩子的奖励?让孩子做喜欢做的事,是激励孩子往前的动力。"

先给孩子打游戏的福利,表现不好再收回。也就是让孩子先欠你人情,以后你说话才有分量,也就是所谓的"先给后拿"。这位妈妈听进了我的话,向儿子说:

"徐老师说可以打啦!"

她的孩子好高兴,也很感激我,整个精神都上来了。

但是上了初中的孩子,就没有这么好说话了。青春期的孩子会赌气做无言抗议,故意把功课落下,让父母知道"你不让我打,我学习也不会进步"。我会告诉这样的孩子:

"不会进步也没关系,至少设了停损点。从现在起,我们一起改变,重新来过。如果你愿意,我们约好每天打半小时,进步了就多打一点、退步了就少打一点,这样很合理吧?"

"甘愿"很重要,我自己每天一大早,一定要先看完报纸后才肯做正事。你要强制规定我不能看也可以,但正事我也做得不会那么完美,因为心里一直想着有件事还没做。

管教孩子也是一样,若不从"心"出发,家里就永远上演着猫捉老鼠的老戏码。

禁止是错误的,这样只会逼孩子把学习时间消耗掉而已,效率极低。要让孩子每天都有期待、有目标,提得起劲儿,就是要让他们服气。

我都考九十八分了,你还要怎样

孩子在小学时,棒子和甜枣必须并用。长期用棒子,孩子会反弹;但一直用甜枣,也会让孩子贪得无厌。

有这样一位高中生:不太读书,只把心思花在电脑上,游戏一打就是好几个小时。理由呢?听来也很正当:释放压力。

妈妈没话说了,但要说不担心是不可能的。每次看不下去提醒儿子该学习了,都被孩子顶回来:

"我都考九十八分了,你还要怎样?"妈妈一听又哑口无言了。她被聪明的儿子吃得死死的,对儿子的这种狡辩不知如何作答,又如何能引导自己的孩子呢?

对,考九十八分很厉害,但我告诉这位妈妈:

"你被骗了,你儿子只是在模糊焦点。"

我建议她不要反驳,而是要顺着毛摸,抓着他的话尾改走称赞路线:

"你说得很对!九十八分确实很棒,那么我们就以九十八分为基准,进步了再加时间给你,但退步了就减时间,这样很公平吧?"

这样的条件,没几个高中生敢说"好的",因为课程只会愈来愈难,分数会往下降。如果孩子敢赌,分数掉下来了就顺势扣时间,大家都没话说。但这只是第一回合,初步压下孩子嚣张的气焰后,我会再讲道理:

"一次数学九十八分不代表以后都是,一科九十八分也上不了好的学校科系。何况功课上的成就感,也是一种解压,不是只有靠玩乐。打游戏不超过一小时还能叫解压,但你打这么久,已是沉迷了。态度出问题,伤眼、伤身,这又怎么会是对的呢?"

从小只要有适当机会,我都希望孩子看看新闻,好的我们就学,不好的我会解说,引以为戒。例如报载曾有一位高二的学生上网成瘾,每天竟然都是母亲将饭菜端到电脑桌前,甚至有时还要妈妈喂。这不只是孩子有问题,溺爱孩子的妈妈问题更大。

根据统计,约17%的初中生玩在线游戏成瘾;也有年轻爸妈沉迷于网络、游戏而疏于照顾孩子,三个月大的女儿一天只喂一次奶,结果因营养不良而夭折。

另一位妈妈说:"我也有像你们这样沟通,但孩子就是沉迷于游戏,怎么说都不听,限制时间也没用,拔掉鼠标立刻抓狂,全家大乱。"

这就是父母没有从小用心陪伴孩子的缘故,高中的孩子真的不好带:顺他,是害了他;不顺他,会发生家庭大战。我的读者群中,就曾有人家里上演父子为了打游戏而扭打在一起,母亲大哭着去报警处理的荒唐事。

报纸也有刊载,一位十五岁的高中生,每天玩网络游戏五六个小时以上，父亲拔掉网线，儿子竟持电脑怒砸父亲。更有一位初中老师，只因电脑无法上网，竟被自己的儿子威胁"计时十秒"，儿子声称"修不好就砍你"……诸如此类的闹剧层出不穷。尤其高中生血气方刚，父母不必硬碰硬，要知道此时棉花比石头更好用，懂得如何引导会比禁止更有效。

在孩子读初中前，电脑最好放在客厅众人视线范围内，这样孩子不容易作怪（比如上网看色情及暴力画面），而且计时也容易。

我家当初虽然是放在小书房，但电脑屏幕是正对着客厅，孩子也不能关门，其实就算关了门我们也可以从窗户望见，更何况孩子小学时我都要求他们在客厅写功课，和电脑桌相隔开。到了初中定性了，孩子才一个一个进到书房。

有的父母一开始就让孩子把自己关在书房，认为这样比较安静，结果孩子东摸摸、西摸摸，偷玩电脑也抓不到。如果不是因为房间有窗户，我还规定不能关门，我家的电脑一定会安装在客厅，这样孩子就算偷玩也有限。

但有些父母让孩子锁着房门，抓他打游戏还要敲门提醒"爸妈要来抓了"，你想这种笨猫还能抓得到老鼠吗？

约法三章很重要，孩子在小学时，棒子和甜枣必须并用。长期用棒子，孩子会反弹；但一直用甜枣，也会让孩子贪得无厌。

有的父母完全不准孩子玩，有的只给十分钟，这都不合乎情理，难怪孩子会想办法偷玩或脑袋里一直想玩，反而在拖延做功课的时间。

孩子读小学时，我们约定每天可花半小时打游戏或看卡通片。如果孩子嫌时间太少，也可集中时间在周六、日，但若超过时间则下次还要扣回来，这样很公平。

小学阶段的孩子还没有自制力，所以要有规则。但我不会完全禁止，因为我要他们学会克制、自我承受与负责，这才是他们真正该学到的。

我稍微放松一下，你就在念叨

别一味怪罪电脑，电脑没有错，错在大人没学会变通、引导，错在孩子没学会自我克制。

有位读者打电话来，谈及她读建中的儿子，要竞赛了还一直打游戏。她怕孩子沉迷游戏而制止，结果儿子反弹，母子吵得很不愉快。孩子很不满地说：

"我好不容易才考上第一志愿，为什么稍微放松一下，你就在唠叨？"

太太告诉这位从我的第一本书看到第五本书的忠实读者：高中的学习压力很大，尤其是在名校，本来就应该让认真的孩子有纾解压力的通道。这位读者反驳说：

"可是徐老师书上不是说，每天只能打半小时吗？"

"喔！那是孩子初中、小学性格未定型之前，为了树立态度，所以才这么规定；既然上了高中，态度没问题，表现又佳，当然可以放开，让孩子自行调节、自我负责，学会自制力。"

这位妈妈听后明白了，因为之前陪伴了、付出了，感情基础牢固，所以和孩子说开以后就没事了，很容易解决。对于那些责任心强、自我要求高的孩子，更要特别注意对其情绪的疏导。即使想叫他一直读书，他又怎么可能读得进去？就算本来有兴趣，被大人一唠叨，也会变成苦差事，因此父母不该限制太多。

其实我儿子的高中生活，也是靠游戏解压的，因为我们已经知道他不会沉迷于此，所以基本上完全放开了，但我还是会默默观察。他心情不好或看书看不下去时，一般会看漫画、打游戏一整晚。有一次还一口气打了两个多小时的游戏，把姐姐的iPad打到没电，被姐姐臭骂一顿。

起先我也会担心紧张，但发现他打到差不多时，就会自动放下电脑去学习，这样我就放心了。以前我会限制他，希望他学会克制；如今我不再限制，他打太久自己反而会有罪恶感——这就是我要的孩子。

有次放学回来，一直打到睡前，他自己内疚地说：

"我今天只完成了学习目标的三分之一。"

前途是孩子自己的，他能学会承受，就比得到高分更可贵，难过就让他难过一次吧！以前我们对他打游戏是有限制，但现在却反过来了，妈妈看他压力大，有时反而鼓励他说："去打游戏啦！"想不到他开玩笑地回答妈妈：

"打你比较快啦！我都没时间学习了，还打游戏？你自己去打啦！"

现在他已懂得运用时间了。别一味怪罪电脑，电脑没有错，错在大人没学会变通、引导，错在孩子没学会自我克制。前两天，儿子告诉我说：

"现在终于体会出什么叫作'三日不读书，面目可憎'了。"

女儿去年考大学学测①前十天，晚自习回家后偶像剧、韩剧、综艺节目都照看，放松个三四十分钟，自己控制得很好。她还告诉我：

"小学同学的Facebook已经关闭了，数学考得好可能还要拼指考。班上很多同学都在学测前关掉了Facebook，全力冲刺，以防自己受到诱惑。"

我问她："那你怎么没关？"

"我觉得花一点时间调节，反而让心情放松，为什么要关？"

我没话说了，因为她说的是事实。对她来说，限制反而是不对，开放会让她做得更好，这是她的动力，我称之为"充电"时间，没充电哪能有动力？

我的两个孩子现在已是主动式学习，他们会自行安排解压的时间，全家的心情也都变好了，抱怨变少了。

---

① 我国台湾地区高中升大学的考试，分"学测"和"指考"两个阶段。"学测"即学科测试，每年1月份进行；"指考"即指定科目考试，每年7月份进行。

网内互打,讲再久都不用钱

需要的、该用的、公用的,我出;想要的、不必用的、私用的,自己出。孩子摸透也习惯了我的个性,该花的再贵也会花,该省的再少也要省。

有位忠实读者打电话来,说她快被儿子气炸了。因为不善于与孩子沟通,自己也不会回答,只能生闷气,母子关系一团糟,孩子却依然我行我素。

她说孩子和同学打手机,每次一打就是一两个小时,她担心这样会占用太多的学习时间,于是,看不下去了就直接对孩子喊道:

"打那么久电话,不花钱吗?"

"你不知道吗?我现在是网内互打,打再久都不花钱!"妈妈语塞。虽然生气,也明知孩子行为不对,但一时也不知该如何反驳回去。

妈妈不会回答，孩子当然继续做他认为"对"的事，除非父母来硬的，但这样一来麻烦更大，因为他不服。

在这场"家庭"战役里，妈妈犯了战略错误。首先，攻击点不对，才会被孩子找到破绽回击。如果一开始说错时就发现苗头不对，我会马上转回到主战场，要有自信，要具体。这时，我会这么说：

"谁告诉你不花钱的？打那么久充电不用钱？电池加快损耗须再换新的也不用钱？把正常时间拿来讲电话，延长开灯时间做功课多出的电费不用钱？电磁波伤身，拖到该睡不睡免疫力差，以后看医生你认为真的都不用钱？"

论事说理，每一件事不能只看表面，应以多方面角度来看它，正所谓"明者远见于未萌，智者避祸于无形"。不要贪表面有形的小便宜却失去无形而更重要的健康，否则花再多的钱也换不回来！

记得在儿子小学五年级时，他和班里的另一个男生同时追班花，都是优等生且长得帅，最后我儿子仗着自己数学厉害教班花功课，才"近水楼台先得月"。儿子使出浑身解数，才抢先拿下，班花每天打电话到我家问儿子数学功课。但很奇怪，这位女同学一段时间后突然不打了，儿子心里既纳闷又着急。后来一问才知，她妈妈规定打电话要付一块钱电话费，为了省零用钱，所以……

这时，儿子很有义气地说：

"没关系，以后我每天打给你，我家打电话都不用钱。"

啊！我昏倒了，养了这么个笨儿子，还宣称优等生？什么不用钱？对他而言当然不用钱，是他老爸我付的钱啦！真是"饲老鼠咬布袋"。他常常忘了关灯及拔掉电插头，怎么说也不听，也没感觉到金钱悄悄流失掉。上个月我郑重警告，要在他书房里另装电表，电费从他的零用钱里扣。想不到一句玩笑话居然让他上了心，情况明显有所改善。

父母要想办法让孩子对金钱有规划，不能毫无节制地去消费。就曾有位妈妈，只要孩子上台北就给钱，实报实销，孩子当然坐高铁，比较快，又舒服；后来发现这样不对，重新规定孩子交通费须花自己的零用钱，于是聪明的孩子改乘普快，票价便宜了三分之二。可见，花父母的钱不心疼，花自己的就记得算计了，算得比你精！

从小太太就交代过两个孩子：手机是紧急联络工具，不是用来聊天的。你打给同学聊天要花钱，同学打给你也要花钱，所以长话短说，不要以为对方打来你不用付钱就一直聊，也要为对方省钱，这是习惯，所以两个孩子绝不会花时间在手机上。有的读者来电打的是我太太的手机，她看来电显示若是手机，且知道又是要讨论很久的，太太便会请他（她）用固定电话打过来，为对方省钱（台湾手机资费比固定电话要高一些）。

在金钱支出方面，我和两个孩子从他们小时候起就达成一致：需要的、该用的、公用的，我出；想要的、不必用的、私用的，自己出。孩子摸透也习惯了我的个性，该花的再贵也会花，该省的再少也要省。

同学都是这样过的啊

每个人读书的时间分配与方法都不同,同学都是这样,不代表孩子一定也要这样。想要成功的人,就是要勇于和别人不一样。

儿子的一位同学,高一升高二那一年的暑假,整天都在打电脑、看漫画、讨论小说。当妈妈的担心孩子光阴虚度,要他拨点时间看看书,想不到儿子搬出全班当救兵:

"每个同学都是这样过的啊!"

母子俩为此差点吵架,妈妈不相信,于是在班上的Facebook上贴文问全班同学:你们真的是这样过的吗?

在我家是这样:暑假的每天早上,儿子必定到图书馆报到,下午四点左右回家后再出去打一场篮球。他对自己要求甚高,绝不可能虚掷光阴!看到这位妈妈的贴文时,他人正在加拿大多伦多,接受为期半个月的英文物理训练,根本一刻不得闲。

我要太太贴文回应说:"我儿子才不是这样过的。"

太太却说:"我才不要当坏人,连'赞'我也不要点啊!"其实,儿子在暑假里的生活比平日更忙碌。

真的如他同学所说,"每个"同学暑假都这样吗?敢让他妈妈打电话调查吗?其实只是他的一面之词,却拖全班同学下水,力图通过模糊焦点来合理化自己的错误行为。有些想偷懒的孩子,为了解除父母心防,进而影响大人的判断,就会用"大家都一样"来推脱。

每个人读书的时间分配与方法都不同,同学都是这样,不代表你的孩子一定也要这样。

几个月前,我在校门口听到这样一段对话。上课铃声马上要响了,有位妈妈才载着孩子到校门口。孩子一下车,妈妈马上催促说:

"快迟到了,赶快!"

"怕什么?后面还一大堆人。"

这位妈妈的做法本就不对,太晚送孩子到校本就该检讨了,可听了孩子这样的回话,她却仿佛吃了一颗宽心丸,不再催促。

大家都这样,不代表大家都对。父母要教导孩子,甚至要以身作则的,就是要反复要求"做好自己的本分"。要与同学相比,就要比谁比较准时,而不是比不对的部分,来彰显自己并非是最差的。

报上刊登过这样一则消息:有一名初中毕业生,为了筹措注册费,整个暑假每天剥牡蛎六个小时,一整天仅能赚两百元新台币[①]。但是为了继续升学的梦想,他还是继续坚持。父母应该提醒孩子:"这种刻苦耐劳的精神与

---

① 1元新台币大约可兑换5元人民币。

求知欲，你跟他也一样吗？"

女儿的高中毕业纪念册，包装高贵典雅，先是有一精致硬外壳包装，再以特制的美丽大袋子套入，完全不像初中、小学那样，只有一本简简单单的册子那么朴素，我对女儿说：

"啊！这么浪费！包装这么高级，到最后袋子还不是要丢掉？"

"别人是别人，不会是我。"

对！她回答得真的非常好！不好的习惯，为何要和别人一样？

有一位读护理系的同学，成绩总是不理想，老师建议她说：

"放假时你也可以读书啊？不要只想着玩。"

"才不要！这样会被人笑，同学都没人这样做。"

"同学不做，以后她们是护士；你如果愿意这样做，将来你是护士长，为什么要和同学一样呢？"

对啊！梅花香自苦寒来，宝剑锋从磨砺出。想要成功，就是要勇于和别人不一样。

别人都在玩,为什么我要超前

幼而学,壮而行。孩子今天不走,明天就得用跑的。而且就算是跑,也不一定追得上别人。

许多人羡慕我,竟还有读者对我说:"你真好命,孩子才初中,就已开始为你赚钱了。"我听了莫名其妙,哪儿有啊?

"有啊!不用补习,一个月两个孩子至少省一万元新台币!"这样说也对,女儿自高中开始就当起了同学的免费家教,尤其是三角函数等高中数学,同学还称赞她很有耐心、很会教。儿子快大一了,也想出去应征当家教,教高中数学、物理。

但奇怪的是,大家都只羡慕我后一阶段的成果,却不羡慕我前一阶段的提前教育。我认识的一个家庭,他家孩子竟然报了三个补习班,一个月费用要花到两万元(新台币)。我听了很心酸。这样的补习有用吗?不见得。

孩子还小的时候，父母不懂提前学习的好处；如果让孩子选，自然难免会压缩玩的时间，孩子当然一百个不愿意。

但孩子可以不懂，大人却不能不懂，更不该听之任之，否则孩子的教育之路会愈来愈累、成绩愈来愈差、睡眠愈来愈少……这些后遗症过几年会渐渐表现出来。若不想这样可怕的梦魇发生，唯有趁别人还在玩时自己先跑。

曾有一个上二年级的男孩，非常聪明，也很会顶嘴，父母都快招架不住了。但很奇怪，来我家上了六个小时的个别谈话课后，他变得服服帖帖；对我和太太毕恭毕敬、非常感激，现在也更优秀。

还没来我家之前，他总是向妈妈抱怨说："每个同学都在玩，只有我最可怜，一直写一直写……"

"写多了，以后你的功课会变得更容易，别人却没办法。"

"也有人不用写啊！"

孩子很聪明，反应也很快，时常搞得大人快发疯，他们只能欺负不会回答的善良妈妈。对付这种孩子，不能只靠耍嘴皮子，一定要分析、举证，结合确切数据与周遭实例，这样更有说服力。要讲他没有想到的，讲他不会讲的，讲他根本都不会的、连听都没听过的……这样一来，气势自然回到大人身上，而不是被孩子拉话题跑。

爱玩的孩子，大略分成两类。有能力大考大玩，却考得很理想的那些人，都是绝顶聪明的优等生，但大概也只占一成而已。

他们这些人学习能力强、记忆力佳，属于黑马型，在任何一个点，他们想要用功时就能比一般的学生厉害。我们很难达到这种境界，所以课业要提前，到高中才能和他们平起平坐，甚至打败他们。

那么其他也在玩、占九成的一般学生呢？现在不努力，以后会很辛苦：要补习，没时间睡觉；跟不上同学脚步，压力大。你真的要和他们一样后悔？

我告诉那个孩子："你可以玩，但不必像别人玩得那么多，只要拨出一点时间学习，把时间存下来，将来初中、高中以后，换同学羡慕你睡得比他们多、玩得比他们多。你可以做到他们想做的，别人却没办法做你想做的。"

我儿子从初中开始，就一直在享受这种被追逐的感觉，但到了高中科学班，才体会出"人外有人，天外有天"，原来追逐别人这么辛苦。

有人当面问我儿子："你们小时候怎么这么乖？自己就会学习。"

儿子告诉他："小时候不懂，还以为每个人都和我一样，一天到晚都在做功课，所以也笨笨地写，不会抗议，长大后才知被我爸骗了。但也很幸运，如果当时我就知道别人都在玩，我也玩，现在应该已经玩完了。"

所以孩子还小时，我不喜欢孩子到同学家，也尽量不让同学到我家来，生怕一交流后全"破功"了，招来他们抱怨："为什么别的同学都在玩，而我们却都在学习？"直到长大后，两个孩子才知我的良苦用心。

天资不算出众的女儿，因为小时候愿意苦做实做，一路上不用补习，到高中打败多少优等生！她大一上学期的成绩单，只有三科八十多分，其他都是九十分以上，同学都称赞她成绩实在"太强"了，误以为她要转系呢！她觉得现在自己很充实、很快乐，弟弟还笑她睡觉睡得连第四个下巴都出来了，而这一切的一切都得益于她小时候的超前学习。

有位妈妈比我更狠，她的孩子一叫"只有我最可怜"时，她就说："你要比？怎么不和徐老师的孩子比？"

一句话就堵住了孩子的嘴。但我认为这也不好，其实还是应该耐心地告诉孩子：跟自己比才最重要。今天比昨天踏实了吗？今年比去年更懂事了吗？初中比小学更成长了吗？

幼而学，壮而行。孩子今天不走，明天就得用跑的。而且就算是跑，也不一定追得上别人。

第四章
怎样回应孩子"分数重不重要"的发问

我说过分数不重要,但没说过努力与态度不重要。态度对了,尽力就是满分,不及格我都能接受;但我无法接受不及格是因懒散而浪费光阴。你要让我看到了努力,分数真的一点都不重要。

如果你是奥巴马

许多父母带不了自己的孩子,是因自己不用心,不肯付出,不把孩子的话听进去,永远只有单向要求,没有双向沟通,时间久了就会出问题。

小时候儿子很调皮,时常故意玩我。有一天他问:
"爸,斑马线是给斑马走的吗?"
"应该是吧!"我故意附和他。
"那马路是给马走的啰!"儿子继续说。
"对呀!"
"那大象走哪里?"儿子继续问我。
"你在路上有看过那么多动物吗?"我反问儿子。
"没有呀!"儿子笑嘻嘻地回答。

这就是我们家的气氛。

经济长期不景气，百姓日子不好过，人们将矛头对准政府，从上到下，预算砍砍砍，政府担心过度删减支出，会造成"节约的矛盾"，有碍经济发展。但很多人不解：明明节约是美德，为什么变成矛盾？

其实这不只是中国台湾地区的问题，美国也难以幸免。自2008年的全球"金融海啸"后，"节俭的矛盾"这一问题不断被挑起。2009年，美国政府展开大规模的退税计划。在记者会上，有人向美国总统奥巴马提问：

"拿到退税支票后是存起来，还是花掉？"奥巴马不愿意正面回答，因为一回答就会落入节约的矛盾。

儿子看到这则报道后问我："如果你是奥巴马，你会怎么回答？"

我告诉儿子："花掉。"

虽然这样的回答一定会被骂翻，还要背上"不知民间疾苦"的罪名，但存下来真的就比较好吗？

这个社会上，如果大家都存钱，没人消费，厂商立刻会减产、裁员，甚至倒闭，总体经济将陷入恶性循环，储蓄者最后也很可能沦为失业者，骂的人会更多。下雨有人骂，不下雨也有人骂。神明尚且难做，何况是平凡的人？

换个职位，自然要换个脑袋。没有对错，不该用二分法，要分析，要个别讨论。如果我是总统，我的立场当然就只能希望大家都花掉，为经济注入活水，国家整体经济才可能上来，但这却只能想，不能说出来。

反过来说，以人民的立场来看，就要视个别经济状况而定。不缺这笔钱的就应该花掉，当成做做好事；但经济不佳者还叫他花掉？这有点残忍，就存起来过冬吧！必须个别讨论、决定，尊重每一个人的选择自由。

孔子都提倡因材施教了，不同孩子就要以不同方式待之。我的两个孩子，属于两种不同的类型，在教育上我选择了不同的方法。美国有三亿多人口，怎么可能会有一体适用的解答？所以，萧万长诠释得非常好：

"节俭是美德，消费是功德。"

但也千万不能不回答，因为那等于默认对方的答案，气势矮了一截。要拥有美德还是拥有功德，端看个人能力及选择。连美国总统都不会回答了，更何况我们平民百姓？

面对孩子的提问，父母不会回答没关系，但仍然一定要响应。把儿女的话当话，他们才会把父母的话当话，进而听父母的话、服父母的话。你想理他才理他？孩子当然也学会想理你才理你。

有次读高二的儿子在客厅看新闻时，听到一句"我比较感性"，马上问我：

"爸！什么叫感性？"

老实说，活到半百，我还真的没思考过什么叫感性，自己也不是很懂，知其意但不会表达，但不答又不行。

"嗯……"我支支吾吾，思考了近一分钟，才接话：

"感性就是跟着感觉走，凭着感觉做事……"

"理性与感性刚好相反，理性是经过思考……"妈妈补充道。

儿子说他懂了，因为我们大人理他，他习惯问了。为了能回应孩子五花八门的问题，我自己无形中也学到了不少知识。

亲子互动就这么简单，许多父母带不了自己的孩子，是因自己不用心，不肯付出，不把孩子的话听进去，永远只有单向要求，没有双向沟通，时间久了就会出问题。

不了解的要承认,不能胡乱说来凑数,自吹自擂,到时吹破牛皮被抓包,自己还恼羞成怒,这如何带得了孩子的心,取得他们的信任?

总之,一切根源,端在父母;行有不得,反求诸己。

输就是不爽啦

有时一直安慰孩子，反而越说越没用，因为那只是表面止血，伤口无法痊愈。

儿子到了高中时，忽然多了一句口头禅："不爽啦！"其实从小学开始，他就没有一天感觉"爽"过。考不过别人不爽，粗心了不爽，打桌球输给我不爽，题目解不出来也不爽，反正一切都能让他不爽。

但我很想告诉他："儿子！你不爽的事还真多！整天听到你这样叫啊叫的，老实说，我更不爽！但我能对你说吗？说了你会比我更不爽。我们就只能这样互相加倍让对方不爽而已。"

高三了，科学班同学全都要到台大（台湾大学）修学分，他一周里有两天在台大，三天在建中。

前两天从台大放学回来，脸很臭，七孔挤成一孔。原来在台大的阶段考试中,他微积分九十七分,量子物理六十六分。

"真不爽!"

"九十七还不爽?"

"可是量子物理比我分数高的有四十多个!"

"一班一百多人,那就是说比你分数低的有七十多人,很多还是不及格的吧?"

"有七十个左右。"

这时我才告诉儿子:"你现在只是高中生,却高过许多台大的学生。完全没准备,成绩也在前三分之一。你这样若还不爽,那些不及格的台大学生,难道要去撞墙?"

"你不知道我输给别人输得有多惨,还有高中生去修博士课程呢!"

"比上不足,比下有余。你羡慕别人,可知还有多少人反过来羡慕你?不必贪快,你爸要是贪快,十多年前就送你早读一年了。你常说输给同学一年时间,但你有没有想到人家每天都学到凌晨一两点才睡?"

"如果可以的话,我也想要啊!"(但他有地中海贫血基因,易累,必须提早休息,无法熬夜,是他的无奈。)

"你那么在乎身高的人,难道不知道熬夜、睡眠不足容易长不高?你上学输给别人一年时间,最多再读一年就和同学一样程度了,但同学多睡一年,有办法和你一样高吗?"

这时儿子臭脸不见了,笑了,听到自己在乎的重点后说:

"嗯!说得真棒!"他无话可反驳,满意了,爽了。

我还是第一次感受到儿子的佩服及称赞,这次总算没有一言九"顶",为反驳而反驳了。当然,我也不是省油的灯,回答口气已从小学的严肃,进阶到高中的以幽默化解，找出他在意的事物分析、模拟并反击回去，顺着藤摸瓜就可以了，简单适用，效果极佳。

我父亲在我小时候常说："一人巧（聪明）一款，无法样样精。"因为样样通就等于样样松。你一定有别人所没有的特点，也许人家正在羡慕你呢！闽南语俗谚说"歹马也有一步踢"（比喻人虽不是个个精明能干，但总有其长处，可以互补不足，同样有所作为），更何况我的儿子又不是歹马，当然也不只踢一步，因此我鼓励他："没必要拿自己的弱点去跟别人的强项比。"

但有时一直安慰孩子，反而越说越没用，因为那只是表面止血，伤口无法痊愈。只要能找到孩子的优点，他就开心，而自信上来，当然心情就好了。

过了几天，儿子睡觉前躺在床上时，老毛病又犯了，他又向妈妈提及比同学晚上一年这个话题，我不禁说道：

"每一个人都有不同的特质，你有别人所缺乏的实力及思维能力，让你多努力一年，可以打平甚至赢过他人；而他们就算再追十年，甚至一辈子，也很难赢过你的思维逻辑，因此你不必在意落后的这一年……"

我说了近一个小时，儿子听了总算释然了，用微笑、调皮的口气向我道谢：

"感谢大师开示！"

回想起来，我以前落后于人何止一年？要能力没能力；要财力没财力；要学历没学历。但我有自己的优点与特色，三十年后的今天，靠着一支笔、一张嘴巴，也没输人多少啦！

儿子一听到这里，赶紧跑去卫生间，再赶快假装睡着，不然又要听我下半场的演讲。完美主义的他，其实要的只是大人的肯定及支持，因此，他很自然、很愉快地睡着了。而我正在思考刚才的对话内容，太太一直对我说话，我只好说：

"别吵啦！别破坏我的灵感，等下再说。"

太太只回我一句："我也很不爽喔！"

你们不是说分数不重要吗

孩子要学的第一门功课,就是凡事都应认真努力。你可以不在意分数,但绝不能不在意分数背后代表的努力程度。

从孩子小时候起,太太就常告诉他们:"分数不重要,我们不会以成绩高低来评定优劣,我们重视的是你们的学习过程和学习态度。"

有些孩子已尽力,但就是考不好,努力的成果无法实际反映在分数上,能怪他吗?如果态度没问题,将来在社会上绝对还是会有一定的成就。

但有些态度、习惯不佳的孩子,不怎么费力就靠着自身的天资得到高分。对于这种孩子,我们并不欣赏。和成绩比起来,太太更注重习惯、品格与健康,分数真的不重要。

但"成绩不重要"这种话,我不会一开始就对孩子说,而且我也没资格说。在小学阶段我是最注重分数的,习惯、品格和健康只是基本,不能以

"成绩不重要"作为忽略课业的挡箭牌。在这一点上,我和太太的见解略有出入,因为我怕孩子认为分数不重要,从而误以为连努力也不重要了。

儿子在小学五六年级时,有时考得很差,我们也会提醒他不要松懈,敏感的儿子听后反应激烈。有次他居然说:"你们大人最现实,嘴上说不注重成绩,其实都是说一套做一套。你们不是说分数不重要吗?"

没有两把刷子的父母,大概就被问倒了。他把大人的关心当成注重分数,所以比较关心分数的父母,千万要学聪明一点,别落入孩子圈套,不要一直针对分数指责,孩子是会翻脸的;但指责孩子态度及习惯不佳,他们就无话可说了。

儿子常以各种方式试探我们,质疑我们的真心;但我也不是省油的灯,这张嘴刚好派上用场。

我说过分数不重要,但没说过努力与态度不重要。态度对了,尽力就是满分,不及格我都能接受;但我无法接受不及格是因为懒散而浪费光阴。你要让我看到了你的努力后,分数真的一点都不重要。

一位妈妈看了我的书以后,想学我们让孩子提前学习,还希望从孩子小学一年级就开始,但她先生不同意,理由是:

"童年只有一个!"无奈的妈妈只好放弃。

小学一年级第一次阶段考试,全班九十八分以下的只有两个——她儿子考出的数字是反过来的八十九分,打击很大,自信心都不见了。

孩子很机灵,爸爸不在家,妈妈说了算;爸爸回来就转向不听妈妈的了。这位妈妈使不上力,也不知该怎么办。一天一天拖下去,这孩子的功课早晚被大人拖毁了。没分数也没态度,难道要孩子背负小学时的阴影,一路没自信到大学?

分数重要与否的判定标准在于时间有没有白白浪费掉。如果有，分数就非常重要；反之，孩子自己有目标、兴趣、理想、企图心，成天阅读课外书籍、研究科学实验、延伸课内常识，以至于没时间或忽略了课本复习，这时分数真的不算什么。因为这种人虽然在学校考试输于同学，但进了大学或进入社会，必定能露出他的锋芒，光芒四射。

在学校学到的标准答案，其实大家都会；但这个孩子会的、没标准答案的，大家没学过、都不会，只有他会，成绩对他来说本来就是不重要的。

孩子要学的第一门功课，就是凡事都应认真努力。你可以不在意分数，但绝不能不在意分数背后代表的努力程度。

大人怎么都是说一套做一套

幽默自嘲是化解尴尬的利器。谚语有云:"仙人打鼓有时错,脚步踏错谁能无?"勇于承认错误并道歉,反而会得到更多的掌声。

"你们大人都这样,人前说一套,背后做一套。"

这是事实,我自己以前也曾犯过,儿子也曾质疑过我。但随着年纪增长,我渐渐控制了本身的情绪问题,且提高道德标准,为孩子做表率。

为了孩子,我已改变很多。我发现自己错了时,也能放下身段去道歉,并以幽默自嘲带过尴尬,不再用双重标准:宽以待己,严以律人。感谢孩子教会我许多,让我有修正的机会,想不到孩子因此也学会了道歉。

曾听过一位讲师提及,他的儿子考大学时考得不好,竟然只考上私立大学而已。他念叨了儿子几句,只见难过的儿子跑到楼下。原以为儿子是要离家出走，结果姐姐看到了告诉他：

"爸！你知道弟弟在楼下干什么吗？他在哭！"

过了一会儿，儿子又从楼下冲了上来，爸爸以为儿子要跟他道歉，但他猜错了，儿子只是气愤地说：

"你平常不是对我们说分数不重要，只是个参考吗？为什么考不好又要骂我们？说一套做一套！"

这时当父亲的愣住了：对啊！这是他平时挂在嘴边、鼓励孩子、希望不给孩子压力的话，但考出来的成绩不好，自己又无法接受。

父母不会回应，日后又将如何引导孩子？孩子当然不服！而且债权人的记性总比债务人好，这也就是身教不好的父母无法带好自己孩子的最大原因——他会反驳你、质疑你。

假如当初传达给孩子的信息不妥，那么出现了错误结果就必须接受，不能为了维护自己的权威，或是担心面子上挂不住，就咄咄逼人地抱怨孩子，这样反而会有反效果。道歉与幽默自嘲，才是最佳的感动方式。

"爸爸讲错的部分我道歉。要不这样吧，你让爸爸欠一下，下次你犯错，我少骂一次补回来吧？但是我错的部分我改，你错的部分你也要修正，我们一起努力好不好？"

若能用这样的软诉求，也许一场风暴就会过去，父子之间还是朋友，心无芥蒂，孩子依然会信赖你。但如果自己没说错，而是孩子自己误解其意了呢？只好补充说明直到真正了解，让孩子不要再断章取义了。

"我是说过成绩是参考，但参考不代表你就能不努力学习。相反的，而是要让你自己充分利用时间，进行自我学习，拓宽学习的深度与广度，这样才不会被分数限制住，一直绕在一个点而裹足不前。"

"你考得不好,有没有检讨过自己?到底是什么原因?是学习方法不对,还是打游戏耗掉太多时间?方法不对,我们一起来想办法突破;但如果是因时间被浪费掉而造成,'分数是参考'这句话就不成立,我也无法接受,这不是说一套做一套。"

十多年前雪山隧道辟建时,作家黄春明因为反对这项工程,曾说:"将山打了个大洞,对生态、水土保持是何等破坏?"为了表明反对到底的决心,他还曾扬言:"死也不走雪山隧道。"后来,有一次他为了准时从台北赶回宜兰演讲,不得已走了雪山隧道,诺言因此而破,当时他自嘲道:

"自己怎么说一套做一套,完蛋了。"

幽默自嘲是化解尴尬的利器。谚语有云:"仙人打鼓有时错,脚步踏错谁能无?"勇于承认错误并道歉,反而会得到更多的掌声。

如果考一百分，你还会打我吗

以前"不打不成器"的旧思维，在今日已经不适用了。大部分成器的大人物们，也都不是靠父母打出来的。不要再因成绩差而打孩子了……

有些妈妈重视分数的程度，简直令人匪夷所思。例如有位读者打电话问：

"要怎么做才能不把分数看得太重？"

我太太反问她："你女儿自我要求这么高啊？"

"不是啦！是我。她考试粗心九十九分，我气得把考卷撕掉！"

另一位读者情况又不同了，因孩子考太差而打孩子，却被孩子顶得哑口无言：

"你平常不是说成绩不重要吗，为什么又要打我？"

"我是说过这句话,但我打你并不是因为成绩,而是你态度不好。"

"但我态度和上次一样,分数高你就不打,而这次考得不好就被打?你说谎!你心里想的和嘴上说的不一样。"

妈妈被抓包了,被孩子顶得无话可答,只好打电话求救于我们。孩子超级不爽,最后还再补一枪:

"如果这次我考一百分,你还会打我吗?"脸色铁青的妈妈,面对孩子机关枪似的扫射,根本毫无招架之力,更别谈有能力回击了。

父母在这样的状况下,能回答"不会"吗?不行啊!那岂不是自打嘴巴了?那可以回答"会"吗?更不行!因为确实以前好几次有类似状况,父母都没在意。

其实之所以会有这种状况,往往是大人情绪失控的问题。成绩只是导火线,是压垮骆驼的最后一根稻草。如果父母认为孩子挨打的原因是态度不好,那么成绩好时也就该打了,不该因自己心情好而"优待"这样的行为。

但很多父母不是这样,总是等到成绩考坏了,甚至坏到离谱时,才新仇旧恨一起爆发,秋后算账打个痛快,也难怪孩子反应激烈。

父母要检讨自己:"同样的学习态度,但他这次考满分,我还会打他吗?"我敢说我自己就绝对不会。所以生气的关键在成绩,不必否认;是看到分数后火大才失控,自己有错在先,站不住脚。但要如何解套?

我有两个建议:第一,不要再说成绩不重要了,趁这次事件大方承认吧!第二,道歉,承认自己的情绪失控,自己不对,重新定义、沟通,说清楚讲明白。不妨就这么说:

"这次是妈妈的错,但我只是要让你了解,态度真的很重要,下次我不会因为分数打人了。"

我曾看到这样一则新闻：一位车主目击警察骑车违规掉头，他按一声喇叭警示，未料警察竟回头追车，盘查他证件，还开出一张"非法临时停车"罚单，车主质疑这根本是在公报私仇。所属分局坦言，发生口角后开罚单，时机确实不适当，已展开撤单程序，并派人到民众家中道歉致意。

时机太敏感，警察在这个当下故意开单，人家当然会不服；同样的，考不好时是不是当下该忍住？要打，也该在这件事过后，若孩子态度仍然不改再修理他，这样就不会被抓到小辫子。也许要忍住不容易做到，但即使忍到内伤也还是要忍，沉不住气是教育不好孩子的。

儿子时常试探我和太太对他考试成绩的重视程度：

"爸！我今天语文考了六十八分，倒数第三。"我不会中了他的诡计。"他想看看我会不会骂他吧？"我心想，"没背能考六十八分很好了啊！"但我不能说出口，只好说：

"没关系，符合你妈要求的及格就好。"

刚好孩子的外公快递寄来三包"爆米香"，我趁机敲打儿子道：

"你知道外公今天为什么寄三包吗？"

"不知道！"

"因为庆祝你语文今天倒数第三。"儿子尴尬大笑。

一位医生的孩子考了九十分，但因没达到父母的要求也被打。把分数看得如此之重，连学历如此高的父母也难免。前几天一位妈妈打电话给太太，说自己孩子语文只考了四十多分，她心急如焚。

太太告诉她："语文就是这样，要多阅读、多积累。我女儿初中也只考六十多分，正常的。"这位妈妈听了好感动，原本以为打电话来会被笑话。当父母的要将心比心，考得不好，孩子已经很难过了，何必再打他？他们当下也希望得到父母的安慰与解决方法，此时父母应该和孩子一起找原因才对。

其实孩子并不是不想考高分，但若父母没有帮助孩子做规划、寻找方法，只会要求，他当然会愈来愈没兴趣、没信心，输给那些有规划、有方法的父母。单打独斗的孩子，自然赢不过团结合作的一家人。

以前"不打不成器"的旧思维，在今日已经不适用了。大部分成器的大人物们，也都不是靠父母打出来的。不要再因成绩差而打孩子了，希望妈妈的回答改为：

"孩子，考几分我都不会打你，只要你尽力！"

老师说不必写习题

她从小学到高中的亮丽成绩，都是题海战略救了她，让其有自信、有成就感。单丝无法成线，独木无法成林。基本功一定要有，十年磨一剑啊！

大约一年前，我到某个初中演讲，接近尾声时，一位妈妈举手发问，因提到我前几本书中独创的"长、中、短程不补习法"——强调孩子分数要好看，一定要多做习题，把粗心留在习题书上，把完美呈现到考卷上。

"可是老师对我们说不用写！"

"孩子几年级了？"

"七年级。"

"学习成绩好吗？"

"前三名。"

"是资优生吗？"

"不是。"

如果你不计较分数，孩子天资聪颖、态度没问题、有自己的学习规划，我赞同不必写。

天资出众的孩子有自己的想法，不必硬性被框在所谓的标准答案之中。只要愿意，哪一个点他们都能上来，只是很容易粗心大意——我儿子即属此类。

到了高中，孩子根本没时间写，也不会为了考名牌大学而违背自己的意愿，这时我会尊重。但这类孩子就怕自恃聪明而不努力，把自己置身于玩中，结果荒废了学业。

有些孩子会"假传圣旨"，或是只传前半部分，自动省略后半部分，而往往后面才是重点。比如，老师提醒大家多利用时间阅读课外读物，少打游戏。孩子往往只记住自己要的前半部分：在家，父母要他做习题，他懒得写，就搬出老师这句话当挡箭牌；后半部分老师要他做的，他却没说也没做。其实更多老师都希望自己学生成绩好、态度佳。

一次阶段考试，儿子觉得数学太容易了就提早交卷，结果考了史上最差的六十多分。他不是不会，而是自认为题太容易而粗心，自己又没检查。难度大的考卷还考了九十多分，简单的反而考了六十多分，这就是不做练习题的后遗症。

我儿子不做习题，不是因为懒惰或者爱玩，而是要做更专业的延伸研究。妈妈对儿子说：

"功课只要及格就可以，大学不必一定上名牌大学，考上哪儿就上哪儿。"

所以，儿子可以自由发展的空间很大，不必受分数限制，当然可以不必做练习题，教科书和习题集干净到可以拿去卖。

像他这样天资超凡的孩子，可以不要分数。只要有自己的想法和研究，确实不必为了考名牌大学，而要一直重复复习学过的、别人都在做的内容。这样的选择我接受，也支持。

反观天资平平的女儿，如果不勤做练习绝对垮掉，她从小学到高中的亮丽成绩，都是题海战略救了她，让其有自信、有成就感。

女儿这次阶段考试总共十门功课，她有六科九十多分，高兴坏了，大家称赞她的成绩太强了。别人读大学是"玩四年"，但这不会发生在她身上。她的态度、自信、动力、成就感都是靠中、小学的习题和分数激励上来的。

有些孩子不是不喜欢学习，他们也盼望得到同学的羡慕及老师的称赞，但苦于缺乏方法与动力，父母不帮忙辅助规划，只会要求、责骂，到头来孩子对功课没兴趣、没成就感，只有放弃、永远落后。

天资一般的孩子不多做练习，我很担忧。如果基础不扎实，将来会后悔：先天都不足了，还能承受后天失调？小学低年级前三名或许可以实现，但高中呢？前十三或前三十？都有可能。落差会不会很大？

可见，多做练习，不是一定要写或一定不写的问题，还是要依据个人特质、需求、年级而定。不是专家说了算或老师讲了算，要靠家长和孩子进行个别分析。我家的两个孩子就完全不同，女儿从小学写到大学，至今还在写习题——这对她帮助非常大，也造就了她。

但儿子只写到初中，高中就不写了，他要走他自己的路。然而，要考好学校或热门专业，单靠天赋还略显不足。儿子班上许多天赋出众的同学，为了考医学系，仍然埋首于题海之中——这样才不会有知识死角，考试时才能从容应对。就连天资不凡的孩子都这么拼，何况一般学生呢？

单丝无法成线，独木无法成林。基本功一定要有，十年磨一剑啊！

可是专家说、老师说

态度决定一切。聪明而有智慧的人知道,听话不能只听一半,更不能漏听另一半。

忘了是在哪一场演讲中,我才说到一半时,有位妈妈急于举手发问:

"徐老师,你说分数很重要,可是现在老师、专家都强调分数不重要。"

"这要分开讨论。分数确实不重要,那是对有学习态度的孩子;学习态度不佳的孩子,就没资格接受这句话。"

在小学阶段,课程范围小,内容简单,努力就有分,低分就表示努力还不够,或是学习方法有问题。成绩是孩子学习时自信的基础,所以分数很重要,因为这代表着努力的程度、习惯的建立及学习态度的培养,更是自信的源头。如果有人说分数不重要,难道其他的几方面也都不重要吗?

小学成绩不好，大部分是来自孩子不在乎，或父母对孩子没要求、没辅助规划，没危机意识，最后不但分数没了，态度没了，连自信都没了。

到了初中阶段，功课相对小学阶段范围广，难度深；孩子也较懂事，能更好地沟通了。此时，建议仍然延续小学的模式，确定扶正了，之后可以渐渐放手，让其自我负责，尽力就是满分。我女儿很努力，但历史还是只考四五十分，我们也不忍苛责，因为个体资质的差异，可参考但不能以分数高低评判孩子。

高中阶段学习更多元，可以以能力、兴趣为主，朝着自己的目标，走出自己的路。这时我才告诉孩子：分数真的不重要，因为我已看到你的努力了。但有些孩子不积极学习，沉迷于电脑游戏，成天浑浑噩噩过日子，我也想问一句："难道玩乐比分数重要？"

有时不要误解专家的意思。老师、专家何其多？一百个人有一百个见解，该听谁的？学历高的，知名度高的，还是长得很高的？不能只听专家所强调的前半段，你要听的是另一半。

许多不明就里的父母，知其然却不知其所以然。专家在说分数不重要的同时，另一方面强调要加紧让孩子有兴趣的专长，加强课外阅读，而不是让孩子浑浑噩噩、浪费生命。不然等孩子长大了，人家的孩子成功了，你的孩子却毁了。

专家学历高、职位高，就算错了也有能力调整。富人能做到穷人的事，但穷人很难去做到富人的事，不怕路远就怕路险，稳扎稳打最实在。如果专家说得准，教改早就成功了，何必一改再改？那么多的博士及教育界人士在操刀，读高中的儿子却评论得一针见血：

"教改一直在进行，把不好的改成好的没错，但同时也把一些好的改成了不好的，所以改革与否有差别吗？"

"跟着学校进度就好，成绩不是很重要。"也有许多妈妈持这样的观点。

每一位老师的看法及立场不同，老师不一定对，我说的也不一定对，那么，什么是对的呢？适合孩子的就是对的！结果合你意，成功了就是对的！老师的见解不一定和校长相同，那么听谁的？心中若没有自己的一套信念，换个老师后你又必须换一个脑袋。

曾有媒体报道，一些学生对分数完全无感，从小学开始就觉得无所谓，认为反正早晚都能毕业。有的大学生，期末考试都不在乎，甚至即便老师先给考题，还允许学生查资料，仍有一成学生不及格，这是为什么呢？是大人们从小灌输了错误的观念，还是孩子误解了大人的原意？"分数不重要"这个说法，让他们的态度也不见了。

分数有时和态度只是一线之隔，如果分数能帮助孩子树立态度，那么分数就很重要！我的两个孩子，就是依照此模式训练出来的。分数不重要的前提是已经努力了，所以关键还是在于态度，所以说态度决定一切。聪明而有智慧的人知道，听话不能只听一半，更不能漏听另一半。

高中都免试了，干吗那么认真

> 学习这件事，不是缺乏时间，而是缺乏努力；今天不走，明天要跑。

因为到处演讲的关系，许多老师及家长忧心忡忡地告诉我，许多孩子不知为何而战、为谁而战。常有学生抱怨："都十二年义务教育①了，我为什么要学这么多？""一样有高中读！都免试了，干吗那么认真？"

还有更多孩子对家长说："分数都不重要了，还一直叫我考高分。"大人明明知道不对，但就是不会回答，很无奈！

现在的孩子，尤其是还在读初中、小学的，听到高中可以直升都很高兴，压力解除了，尽情放松，缺乏学习动力。反正一定有学校读，也一定会毕业，这就是社会氛围给孩子的错误信息。孩子还小，不懂，这无可非议，

---

① 我国台湾地区实行十二年义务教育，义务教育期间，免试升学。

可如果连大人也跟着不懂或不讲给孩子懂，那就惨了。

美其名曰"减轻学习压力"，探其内容则不然。怕你们免试不学习，素质降低又会被骂，只好又设计一套"会考"作为停损点。谁告诉你免试的？谁告诉你不用认真的？

有位女同学要代表学校参加演说比赛，她还没开始准备，家里就先举行了辩论比赛。

爸爸说："真棒！这是一次不错的经验，不要有太大压力，平常心就好。"

妈妈说："不能随便，这对十二年义务教育实施后的升学很有用，我已经请了老师来教她，过两天就开始上课。"

另一位妈妈带着女儿到医院看病，医师诊断其脚趾患的是甲床剥离症，原来是平时学芭蕾舞引起的，因而建议要先休息，否则会更恶化。妈妈却说：

"不可以，要比赛了，非加紧练习不可。以前没什么人学芭蕾，但十二年义务教育改革后，学芭蕾的人多了，大家都希望参加比赛得名。"

免试？是免去大型考试，但又改成更麻烦的"会考"，比的更"多元""多钱"。为此到处比赛，音乐、运动、舞蹈，等等，样样缺不得，父母比孩子更累，压力更大。

免去一次大考试，压力却分布在初中三年大大小小的各种考试里，让学生每一次大小考都战战兢兢，不敢掉以轻心。免试？其实是让考更多。未来每所重点高中改成特招、科学班、数理、人文天才班、音乐班、体育班……哪一样不需要比成绩呢？谁告诉你免试了？

最近《天下杂志》的"十二年义务教育初中现场大调查"显示，近六成初中生仍参加补习，近五成说学校会公布成绩排名。补习、排名，让学生压力很大；但不补习、不排名，又怕学生不学习，竞争力下降。到底该如何应对？

我想，唯一的方法，只有从改造孩子的心念开始。要让孩子知道："你不是为考试读书，也不是为父母读书，是为你自己读书。"我的两个孩子已达到这种境界。再回头看看我八年前的第一本书《我这样教出资优儿》最后一篇，最后一段：

"改变自己比较快，只要你有实力，管它'教改'怎么改？愈改，你愈有利，因为当别人还在当白老鼠时，我们早就跨越这个程度，继续走下一个课程了。"

哈佛图书馆二十条训言中提到："学习这件事，不是缺乏时间，而是缺乏努力；今天不走，明天要跑。"

大学甄选入学都要看三年在校成绩了，还能不认真吗？多元更需要的基本态度就是："认真"！

反正一定有学上

想要就读好学校,永远都是以考试成绩来决定;成绩不好,更别希冀将来能上好的大学、感兴趣的专业。还是乖乖用功吧!

伴随着教育多元化后,孩子口中说出来的话也是五花八门。

"反正一定有学校上。"孩子用这句话反驳父母,作为不必认真学习的借口。

但是教学质量不佳的学校你也要去吗?和品格不好的同学为伍三年也可以吗?谁努力不够,就自然沦落到让学校选谁,好学校都被较认真学习的同学选走了。

三十多年前,我在小学升入初中之际,全班忙着转校、迁户口,房东建议我和他儿子一起转到竞争力较强的初中,不要留在口碑极差、霸凌比例极高的原校,连愿意让我们寄存户口的人家都找好了,就差最后一个环节:家长要亲自去办。

但父亲很忙，一直拖着不愿去办，只丢下一句："好学校也有坏学生，坏学校也有好学生。"我哑口无言，真的很无奈，明知这句话有漏洞，却又不知如何反驳。当时全班只剩我一个人的户口迁移手续没办完，老师已催我多次，但从小没母亲的孩子只好认命，父亲说了算。还好，赶上最后期限。

以前我不会反驳，现在我会了，我知道那是概率问题。读好学校成绩变好的机会自然较多较大，有些初中老师、同学的认真态度，以及校内的学习风气，真的震撼了我，让我懂得努力有多重要。

如果当初没有选择学习环境，跟着坏同学混，也许今天的我也是满口脏话。所谓的好学校，不一定是指升学率高的名牌学校，而是泛指学风良好、学生品格端正、老师认真教学的学校。专家学者一直告诉孩子分数不代表一切，但实际上到处都在以学习成绩为标准，就算免试，重点中学招生录取的时候，不是也一样要以成绩为参考吗？

常有人反驳我说"好学校也有坏学生""坏学校也有好学生""成绩好也不一定代表品行好"，这些话初听起来似乎没错，但仔细推敲却不尽然。好学校里学习优、品行佳的学生比例，远远高于口碑不佳的学校。处在好的环境中，孩子会受好的影响；反之，处在不好的环境中，变差的概率就非常高。

我儿子的学校算是很好了吧？但还是有人说脏话、爆粗口，但是这些言行不好的学生只占一小部分，掀不起什么波澜，就算作怪也没几个响应，唱独角戏并没什么意思，不好的学生甚至也许会渐渐被好的同学感染而蜕变。

反之，若是到另一个坏多于好的环境中，变坏的概率一定大于前者；同学的素质也相差很多，真的是孩子有学校上就满足了？真的是不想也不要择校吗？好吧，从现在开始，每餐给他配青菜、豆腐就好，不要再吃什么大鱼大肉了，反正一定有饭吃，何必再选喜欢吃的？因此，要提醒孩子，想选就要认真学习。

日前媒体报道，台湾中学生的数学水平全球第四，但学生好坏差异却很悬殊，程度最大的相差七个年级，等于是有些初三、高一的学生，数学只有小学二三年级的水平。我很担心以后更加M型（两极）化：努力的更努力，放松的更放松；最后的结果是好的更好，不好的更不好。

M型分配让高低差距更严重，因为努力的人更加优秀，不努力的孩子直接放弃。大者恒大，赢者全拿。每一位家长都希望自己孩子上口碑较好的学校，品格上较不会受污染，同学们本身更期待，因他们更爱面子，可是，如果不认真学习的话，能上自己心目中的好学校吗？

想要就读好学校，永远都是以考试成绩来决定；成绩不好，更别希冀将来能上好的大学、感兴趣的专业，只好选别人不要、自己又不喜欢的院校。那些分数很低就能上的大学，大家真的想去吗？还是乖乖用功吧！

第五章
怎样回应孩子"学习有什么用"的发问

　　人生这么长,学校不考的,进入社会却考得最多,机会是留给有准备的人的。为了孩子的自信,未来的工作、人脉与婚姻,要视孩子年龄层的不同,给予适当的引导。

读书有什么用

读书很辛苦？那要看你和什么比。若与吃喝玩乐、无所事事相比，孩子当然不想读书。

有一晚，我问已上高三的儿子：

"读书有什么用？"

"没有用啊！"他冷笑着回答。

"喔！谢谢，这句话将会出现在我下一篇文章的开头。"

"我随便说的，你还真要这样写啊？"

"没有用？那你现在还坐在书桌前干什么？"

多年来，太多太多的读者一直问我"读书有什么用"。这个问题其实是孩子问家长的，但他们自己只会讲一点皮毛，无法说服孩子，最后双方都不满意，现代父母真的很难当。

二十多年了，我第二次回台南岳父家过中秋。丈母娘私底下告诉我，岳父每次取钱都叫她去，自己说什么也不想去。我问："为什么？"

"因为柜台小姐都会叫他自己写提款金额啊！"

"提款金额？阿拉伯数字他会写啊！"

"会，可是他不喜欢写啊！"

岳父不识字，常以"瞎眼牛"自嘲，一生务农，了解不读书的痛，连数字都写得又丑又吃力，所以对于自己的三个孩子的教育格外重视。就算卖田卖牛也要让孩子个个读到大专毕业，就算自费读私立的，眉头也不皱一下，从小便告诫他们一定要努力读书，千万不要像他这样，长大后只能种田。

四十多年前的执着，如今早已开花结果，太太他们兄妹几个都很努力，也很争气，如今个个成就不凡，有车有房又孝顺听话。太太永远记得并感谢岳父小时候对她说的那句话：

"你能读多高就读多高，我不会因为是女生就不让你读；我没办法准备多少嫁妆给你，毕业证书就是你的嫁妆。"

在当时农村普遍都是重男轻女的观念下，太太听到这句话，感动自不在话下。呵呵！但读书有什么用？

两三个孩子，三天两头打电话回台南，嘘寒问暖报平安，岳父现在生活富裕而安逸，您说读书有没有用？

去年，儿子科学班的一位要好同学，有天突然告诉他：

"我不知道为何要这么认真读书，读书是为了什么？"

儿子笑一笑，不可思议地反问："什么？你不知道？"

我和太太从小就不停地对两个孩子"洗脑"、讲道理。读书的理由简单而明确，你们现在读书是因兴趣、为自己而不是为父母，学到的都是别人挖不走的宝藏，有能力才可以帮助更多人。除了谋生，儿子居然能对我说出很有哲理的两个字——"传承"。

我听到后非常震撼、感动，利用此机会对其进行教育，说：

"台湾的专业书籍很少，大部分依赖原文书，你的感受很对，我们最缺的就是这一块，你可以写下来。"

"我文笔不好！"

"文笔是小事，没听过'读书破万卷，下笔如有神'吗？只要自己有想法，其他自然水到渠成。"儿子听了点头微笑。

儿子现在的想法已比我跟他同年纪时想得更成熟，他想的是如何改变世界的兼济天下，而非将来能赚多少钱的独善其身。

有人问他："你真的对读书这么有兴趣？"

儿子老实说道："我本来不喜欢读书！"这是小时候的回答，孩子喜欢玩，哪里肯乖乖学习？但太太从小就告诉两个孩子："学生的天职就是学习，这是你们的责任。哪天你们不读书了，第二天起就得去工作，不管送报也好，卖小零食也罢，就是要工作。"

当儿子知道送一份报纸，必须在寒冷的天气里，凌晨两三点钟就要从热乎乎的被窝里爬起来，而卖一个小零食只能赚三元钱时，他想了想居然告诉我说：

"爸！我还是觉得读书比较轻松。"

读书很辛苦？那要看你和什么比。若与吃喝玩乐、无所事事相比，孩子当然不想读书。那和赚钱比呢？又变成读书较容易了。但很多父母给孩子的选项，却是遥控器和读书，再笨的也会选看电视，当然娱乐更舒服。

对孩子的提问，不必急着给答案，要用比较的方法，让孩子了解事实背后的真相。

朋友怎么都是戴安全帽的

对于"读书有用吗?"这个问题,父母应该这样做:为了孩子的自信,以及未来的工作、人脉与婚姻,要视年龄层的不同,给予合适的引导。

牛顿在求学初期,表现并不突出,甚至老师还觉得他注意力不集中、不合群,因此学校里的男生常欺负他。一开始牛顿只能忍气吞声,后来想通了,他认为最好的报复方法就是在学习成绩上超过别人。果然他把心思放在功课上,此后就没人能跟他比了,连校长、老师都对他刮目相看,认为他是最聪明的。

台湾最"迷你"的大学教授陈攸华女士,身高只有一米二,头大身小使她在成长之路饱受嘲笑。但在高二求医时,一名医生鼓励她不要灰心,还说:"你一定可以轰动全世界。"在这位医生的鼓励下,原本自暴自弃的她，每天学习到凌晨，高三如愿进入重点班，最后赴美读硕士，赴英攻读博士，读书让她改变了命运，找回了自信。

正是读书让那些身体有障碍、原本处于竞争弱势的孩子找到了自信，提升了竞争力。这样的例子古往今来实在太多了。另一方面，读书也能让自己人脉银行里存折的数字增加。

正所谓"谈笑有鸿儒，往来无白丁"，若只读到小学，同学关系就只限于小学同学；但读到博士，就有从小学到博士这样一大串的同学关系，这些人脉日后就是一笔巨大的财富，有机会便可以互相帮助、合作。学习经历不同，生活圈、朋友层次、人际关系、机会命运也就完全不同。这一点我自己感受颇深：十年前的生意圈朋友，和现在的已经完全不同。

前几天我站在自家店门口，无意间听到一位年轻女孩，一边拿着安全帽，一边对坐在摩托车上抽烟的男友抱怨：

"奇怪，你交的朋友怎么都是一些戴安全帽的？"男友继续吞云吐雾，懒得回答。这个女孩忘了自己也是坐摩托车的！

所谓"龙交龙、凤交凤"，许多权贵家族让孩子从小读贵族学校，用意也在于此。人脉广、赢面大，机会自然能以累进倍率拓展，而非局于一隅，死水一摊。难怪连古人也认为："结交须胜己，似我不如无！"这都显示了人脉的重要性。

当然，读书除了通过交朋友累积人脉以外，还能让自己的另一半不同。因为好的对象人人爱，但你爱人，人家不一定爱你，此时，条件和学历也是你的关键条件。

人家说："男追女，隔层山；女追男，隔层纱。"假如自己能力好、学问佳，选择机会自然多，还能握有主动权。以前的人结婚会要求三大条件：

第一，身体健康；第二，学问普通；第三，门风相当。自古以来讲究门当户对，即使到了今天，双方学历至少也不要相差太悬殊。

曾经有位已考上公务员的女性，始终不敢接受男友的求婚，因为她对未来很没安全感。后来男方苦读半年，终于考上公务员后，女方才点头同意结成连理。我有许多当老师的朋友及同学，他们的另一半大部分也都是老师。

初中学历让我在婚前很自卑，所以三十岁前连个女朋友也没有，更别谈结婚了。后来，遇到了我太太，因我发奋学英语的态度感动了她，才好不容易"骗"到了一个，这时我终于相信了古人云"书中自有颜如玉"。

对于"读书有用吗？"这个话题，父母应该这样做：为了孩子的自信，以及未来的工作、人脉与婚姻，要视年龄层的不同，给予合适的引导。一旦孩子想通了，自己愿意读，那些在叛逆期让家长伤脑筋的问题，自然也就迎刃而解了。

读书就能赚钱吗

"书香"会遗传,"贫穷"也会遗传。有人戏言称考上公职是"绩优股",考不上只是"鸡屁股",就看自己以后想当哪一"股"了。

李昌钰博士曾勉励大学生:"再忙,每天至少读一页书。"

近几年来,大家羡慕韩国大学毕业生薪水几乎是中国台湾地区大学生的三倍。但韩国年轻人的压力很大,我们却是一直想办法帮孩子减压;韩国每年人均阅读十本书,而我们呢?两本。

英雄不怕出身低,任何孩子只要肯用功读书,就可以改变命运。阿根廷有位清道夫三十多岁开始重拾荒废的学业,三十五岁念高中,四十一岁当律师。

"如果你们要过我这种生活，就不要读书好了。"一位穷困的爸爸对着自己的孩子们说。

这位爸爸凌晨一大早去果菜市场批货，从早上开始直到黄昏在市场卖水果，晚上还要去夜市摆摊。

"要努力读书，千万不要像我们这么辛苦。"

靠读书脱离贫穷的例子不胜枚举，有个学生因家贫，高中毕业后便中断学业，想出去工作赚钱，后来被老师苦口婆心劝回，现在他已是台中市政府的领导干部。

读书有什么用？最明显的功用就是脱贫，没有比念书让人脱贫更快、更容易的方法了。贫者因书而富，富者因书而贵。读书可以让人一夕翻身、出人头地。小心，"书香"会遗传，"贫穷"也会遗传。

我是在三十多年前服兵役时，才真正体会出读书的重要性的，但后悔也晚了。那时初中毕业的我，只能当大头兵，月薪一千八百元新台币，站岗固定位置，属最底层；高中毕业的即能当班长，站岗时可以任意走动，月薪高许多；而大学生则直接当军官，不必站哨岗，可以一觉睡到天亮，军饷又是三级跳。

一样是人，待遇差这么多？人家只出一张嘴，比你在烈日下出操、出差领的还多！差在哪里？读书！

几年前，当时正在读小学五年级的儿子，心血来潮地对我说：

"爸，几年前在看《大家说英语》时，你对我和姐姐说：'努力点儿，以后你们也能像电视上的老师，用一张嘴就能赚钱了。'想不到你比我更早用嘴巴赚钱了。"

我一时没反应过来，原来他是说我第二天有场演讲。我还没回答，他又说：

"你说得好对，真的呢！可是我会比你厉害，我可以边玩边赚钱。"

本来以为他是在赞美我，原来是捧自己。

我大笑着问："怎么可能？"

"研究啊！边玩边赚钱。一位名师说他打一个喷嚏可以赚五元，一秒五元。学问就是这么值钱！"

他说的也对啦！我自己年轻时虽辍学，但我一直在自学，现在赚钱确实比较轻松，脑动一动、笔动一动、嘴动一动。连我女儿，还没高中毕业，就有学生家长指定她当家教。

许多大学毕业的小学老师，白天上课，晚上进修，有了硕士学位后，薪水又多了好几千元。我第五本书中提到的"汐止来的小孩"一毕业就是警官，获得2014年度台湾地区优秀青年代表，起薪就是六万五千元（新台币），这已是一般大学毕业生两万两千元（新台币）月薪的三倍。

目前公职非常热门，有人戏言称考上公职是"绩优股"，考不上只是"鸡屁股"，自己以后想当哪一"股"，就看你认不认真了。

怎么可能

不要再叹怀才不遇了，你怀的才为何人家不要？是人家要的才，你又刚好没有！抱怨没用，有时间还是用来读书为好！

儿子读小学时，我有次带他外出，走过空调室外机旁，他向我抱怨："不公平，里面的人吹冷气，我在外面吹热气？"

我鼓励他，抱怨没用，多读点书，有能力的话自己去发明里面吹冷气、外面吹冷风的空调。

"怎么可能？那不合逻辑，违反定律！"

不合逻辑是你认为的，违反自然规则也不代表不可能。显微镜发明前，谁相信世界上有细菌？现在却已经是常识；手机出现前多少人直呼无线不可能，现在人手不只一机，还都用智能型；以前奢望、梦想车子要是加水能跑就好了，多少人斥为无稽之谈、痴人说梦，但现在吸空气就能跑的车已研发成功。

法国设计师研发出用空气就可以驱动的汽车引擎，排出来的空气比一般空气还要干净，开车一百千米，从台北开到新竹花费还不到三十元新台币。空气车不必加昂贵的油，加的是不用钱的空气。英国一家公司的科学家，也成功用空气和水制造出"汽油"，不增加碳排放。

杀死癌细胞，台湾的大学发现了关键角色；研究院更研发出前列腺癌疫苗及脑膜炎疫苗；英国科学家已找到了引起近视的基因，可望据以调配最适当的眼药水，让眼镜成为历史名词；美国科学家研发出"人造肾脏"……种种日新月异的新科技，媒体报道甚多，无须多加赘言。

不要只顾着享受眼前的文明及便利，你现在坐的高铁，离不开的手机、电脑等，都是因为"前人种树"，我们才能"乘凉"。但不能只想"乘凉"，只想砍树，而不继续种树，这太自私。

如儿子所说，读书是为了传承、改善生活质量、造福全人类及后代子孙。要改变现状，要获取专业知识，唯有多读书，不然只是吃着老祖宗留下的老本，总有一天坐吃山空。

当然，读书的另一个好处，就是让人有资格选择自己最有兴趣的科系、学校、职业，活出自我，找到快乐，拥有成就感，实现人生价值。

无论国家社会多富裕，资源终究还是有限，依旧还是要竞争。想要开创属于自己的人生，读书总比没读书的机会多得多，转换跑道也较容易。

曾有一位护理师，因轮班日夜颠倒，有时连休假也被叫回上课或开会，工作时间太不稳定，压力大、待遇也不好，无法适应下毅然决心转行。但已经有了年纪，要转行谈何容易？

一年之后，她成功考取公职特考，最后还是靠努力读书，才得以改变工作环境，也让自己轻松一点。

"为什么别人可以办到，你办不到？不要再抱怨自己多辛苦，不如把时间拿来好好学习。"这是她给考生的建议。

许多同学口口声声说兴趣比较重要，但学校不会因为你有兴趣就录取你，因为别人也有兴趣。最后还是要以分数定高下，用功的人才有资格根据兴趣选择科系及学校，甚至获得奖学金。

女儿的一位高中同学，考上了军校，哥哥读的是警察大学，两兄妹除了免学费外，每个月还有一万五千元（新台币）的补助金。孩子们的妈妈高兴地说道：

"从此，我可以不用那么辛苦了，就算最小的弟弟读私立也不怕了。"

在所有竞争里，读书还是最公平的，报载一位鱼丸小贩，小学毕业后就去赚钱，不想念书。一位老师不断开导并鼓励他，说：

"这样不读书可不行哦，将来要想有所成就，就得好好读书才行。"

就是这句话改变了他的一生，从此可以不再卖鱼丸。他从初中夜校开始一路半工半读，花了四十三年，终于取得工商管理博士学位。

正如陆游的《诗翁》中所云："恨渠生来不读书，江山如此一句无？"不要再叹怀才不遇了，你怀的才为何人家不要？是人家要的才，你又刚好没有！抱怨没用，有时间还是用来读书为好！

自己都不读书，叫我读书

在能力未被肯定或者成功前，外人必会先评定你的外在与学历。这就是社会最现实的一面。

有位正在读小学的孩子非常好问，但他却不敢问老师。然而去问妈妈，妈妈不会；去问爸爸，爸爸也不会——因为他们夫妻俩的学历都很低。

"我怎么那么倒霉？"孩子抱怨父母都不懂，也渐渐熄灭了自己的热忱，从此不向父母求教，因为问了也是白问。

不难想象，这个孩子慢慢地功课变差，表现平平，真是很可惜！我们无法选择父母的能力，但一定要有能力做好孩子的父母。

许多妈妈写信给我，不时有无力教孩子之感。年轻时不懂事，不喜欢读书，后来自动放弃，混个毕业证书，进入社会工作赚钱。殊不知教育下一代比自己学习更累，更怕孩子步入自己的后尘。

读书能改变一个人的气质、内涵，提升个人的道德标准，拓展视野及建立正确的人生观。多充实自己，能让自己言之有物，不再插不上话或只是泛泛而谈天气的好坏。

读书是学生的本分，就如同父母要赚钱养家，道理是一样的。天有不测风云，人有旦夕祸福，谁又能预料是明天先到还是灾难先到呢？所以太太从小就告诫两个孩子：

"万一哪一天，爸爸妈妈突然不在了，你们两个一定不能放弃学习，不管爸妈发生什么事，都要坚持上学，保险金一定够你们读到大学毕业，两人要互相帮助、相互照应，有学识、有文化就能养活自己。"

什么都教授，什么都交代，什么都不忌讳，是我和太太对孩子的教育态度，尤其必须要怀有终身学习的热忱。王品集团董事长戴胜益说：

"过去低学历、草莽打天下可成就事业的时代过去了。"

人生这么长，谁又能知道哪个阶段会用到哪种能力呢？在能力未被肯定或者成功前，外人必会先评定你的外在与学历。这就是社会最现实的一面。如果你确信自己以后都能满足于现状，确保自己未来不抱怨、不后悔、不羡慕别人，或者将来孩子反问你：

"自己都不读书，还叫我读书？同学父母都会，就你什么都不会。"

当孩子拿你和别人作比较时，你若能淡然接受、不抓狂，那我也尊重并接受你此时的任何想法及做法。有位朋友讲过一则笑话，我觉得很有趣。

一伙劫匪成功抢劫银行，回去后新来的抢匪说：

"老大，我们赶快数一下抢了多少！"

"别傻了，这么多，你要数到什么时候啊？今天晚上看新闻不就知道了吗？"老劫匪提出自己的经验之谈。

劫匪走后，银行高层让一位主管赶紧报案，主管刚要去打电话，高层急忙说：

"等等！把我们上次私自挪用的那五百万元也加上去！"

"要是劫匪每个月都来抢一回就好了。"主管说。

第二天新闻报道银行被抢了一亿元，劫匪数来数去却只有两千万元。老劫匪大骂道：

"妈的，老子拼了一条命，才抢了两千万元，银行高层动动手指头就赚了八千万元，看来这年头还是一定要读书啊！"

当然这只是一个笑话。但是，我们不得不说，读书总比不读书的有优势。

同学爸妈都有接送

孩子要求你,你当然也要顺势要求他,不可单向予索予求,让孩子只想坐享其成。

几年前,我到新竹一所公立高中演讲。结束后,一位妈妈和我在辅导室聊了一个多小时,因为她感到对上高中的女儿完全束手无策。

孩子表现平平,还总把父母的要求当耳旁风。每天放学坐校车回家,站牌离家还要走十五分钟的路程,妈妈从小帮孩子照顾得很周全,几乎是每天接送。

但怎么自己的付出和孩子的表现不成正比?妈妈的热忱逐渐退却,不想每天再继续接送了,女儿却强力抗议。

妈妈思考了好长一段时间,一直下不了决心,不知该怎么办。

"其他同学的爸妈都在接送,而我没有,会被人笑话,也很没面子!"

这位妈妈听后无言，不知如何解释。

今天孩子会变成这样，其实是家长长期纵容的结果。父母事事做得周到，孩子自己乐得轻松，也视为理所应当。

如果我的孩子有类似状况，我决不会如此纵容他们。

权利和义务是相对的，除非我感受到你的积极态度。要和别的同学比？同学们都很认真，你怎么不提？不要告诉我有的同学成绩也很差，功课、态度是要比看谁更差吗？

"你要求我继续接送？当然没问题啊！当初之所以这么做，不是因为其他同学的家长都如此，也不是为了面子，而是为了让你节省时间，让你回到家后能赶快做功课，早点睡觉。可是现在看来，每天接送，帮你省下了十五分钟，你回来后就上网，反而浪费更多时间，这样的话，接送就变得毫无意义了。如果你自己不懂得珍惜并合理安排时间，却要别人帮你省下小段时间，这样不行。你必须改变，把时间用在学业上，这样接送你才有价值。"

孩子要求你，你当然也要顺势要求他，不可单向予索予求，让孩子只想坐享其成，呼之即来，挥之即去。只要孩子愿意改变，再远也一定配合，这无可厚非。

我曾答应女儿，高中期间，只要月考前一周，放学太晚没有校车的话，我负责接送，让她可以安心留校晚自习到九点半。

有时晚上高峰期一过，公交车的间隔时间很长，要等很久，回到家平均至少花四十五分钟。但我去接女儿回来的话，却只需十五分钟。

在高三上学期，也就是大学学测考前半年，我每天都接她回家，这样她可以专心在学校上晚自习，每天多出了半小时的睡觉时间。高三下学期，考上大学后，我就不接了，因为没有意义。

孩子用功，时间紧迫而他精力有限，接送一下是有必要的，这样每天至少孩子可多睡半个小时，这半小时非常宝贵。我儿子也是一样，送他上学的话只要七八分钟，坐公交车却至少半小时，如果送的话，孩子每天睡到七点半都不会迟到。

正是因为孩子很努力地学习，从不浪费宝贵的时间，所以我才接送他们，这样帮他们省下的时间才有意义。但到大学，我就不再接送了，他们只能坐地铁、公交车或者走路。

这又不考，我读它做什么

人生这么长，学校不考的，进入社会却考最多，机会只留给有准备的人。

聪明调皮的孩子，大部分很懒、斤斤计较，很会算计，喜欢走捷径；不轻易被占便宜，没有直接的好处就懒得做，这是态度上的问题。去年我的两个孩子受邀参加台北市龙山初中家长会，在这场演讲中，儿子自我爆料道：

"每天爸爸都叫我在固定时间阅读，可是我从未认真读过，反正他也不考我。"台下一片笑声。儿子接着说：

"到了高中才知道辛苦，小学、初中老师叫大家写阅读心得，我总是前面翻翻、后面翻翻就可以了，都是混过去的，随便一写都能拿高分，心想读那些做什么？但到高中就惨了，有的题目根本看不懂，以前不知道阅读有什么用，这时才了解阅读有多重要。原来是为高中做准备，早知道那时候就多多阅读了。"

儿子小学时常说的一句话就是"这又不考"。他从不肯多做课堂以外的事情，认为没有意义，是在浪费时间。姐姐闻言后，反驳道：

"读书又不是为了考试！"弟弟无言傻笑。

姐姐的这一学习观念来自父母平日的谆谆教诲，她听进去了，而弟弟却自认为聪明，便从不当一回事儿。儿子最近坦言说，初中、小学的学习只是在应付我、应付考试而已，不是真正发自兴趣、喜欢读书。

直到高中进入科学班以后，他才真正想为自己读书。看到那些实力不俗的同学，想追逐、超越他人，这才有了学习的动力。儿子说："如果今天读的是普通班，我还是会按照初中、小学的模式去学习，分数也没问题。"儿子继续爆料说：

"小时候爸爸周日带我们去参观什么展，红毛城、纪念馆、故宫等，我根本都没用心看，心想这些考试又不考，只想快点回家打球、打游戏。"这时姐姐补充道：

"当时他都没在看，只喊着：'什么时候回家？哪里有好吃的？'"弟弟窃笑自己小时候的幼稚行为。

到了高中，儿子才意识到课外知识的重要性。于是，学校要考的他都是临时抱佛脚，而不考的他却一直钻研、探究。教科书都没怎么翻阅过，新得可以卖；他现在知道了，头脑里必须有思想、有想法，要培养自己的能力，不管是思维逻辑或动手能力。有一天晚上，儿子还对我说：

"要是我会英语，和闽南语交换就好了。"意思是说他闽南语不用怎么学，说得也很溜，英文却要背得很辛苦，口语也很一般。我对儿子说：

"现在是以升学考试为导向，闽南语不考，英语要考。英语再怎么不会或排斥,你也一定得会去学,只是要辛苦一点而已;闽南语你不会专门花心思去学,因为没有急迫性。那么,以后呢?大家英语程度都差不多,闽南语却没你好,有的甚至根本不会讲,到时你就知道哪个更重要了,其实不考的反而更重要。"

"有道理!"儿子很少称赞我,这次却例外地赞同我的说法。

四十多年前,读小学一年级时,我很羡慕那些外省的同学,因为他们打小说的就是普通话,不用学就说得很轻松,而我只会说闽南语,小学高年级还因习惯了讲闽南语而被老师罚。但后来长大了,我的普通话和他们说得一样好,可是他们的闽南语却惨不忍睹。

当时的我也是这么想的:闽南语又不考,会这个有什么用?想不到四十年后却为我的演讲加分,流利、地道的闽南语让我的演讲更精彩,更拉近了和听众之间的距离,效果十足,这是我始料未及的。

人生这么长,学校不考的,进入社会却考得更多;所以,你怎么知道那些你不看好的技能会在哪个阶段派上用场?机会只留给有准备的人,目前不考不代表以后不考。俗话说,技多不压身。

像女儿大学口试,她很用功准备了汉语及英语的自我简介,教授却要求她以家乡话口述,还好从小在家我们大部分时间都是用闽南语交谈,所以这要求难不倒她。教授称赞她讲得很好,女儿最终以高分被她最感兴趣的专业——第一志愿药学系录取。

"宁愿备而不用,不可用而不备。"有一位博士考公务员,他笔试第一名,但口试成绩却不满六十分,最后落榜,只因他从小习惯着重考试会考的部分,而忽视了其他方面的培养和训练。

据《天下杂志》的调查显示,如果不考试,只有22%的学生会主动读

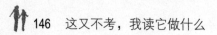

书，除了上补习班外，不再学习新知识。课外知识是课内知识的有益补充。许多聪明的孩子认为这些不考不重要，不肯好好下功夫。游戏也不考啊，为什么你还天天打？动画卡通片要考吗，为什么你却天天看？所以，李昌钰博士说："再忙，每天至少读一页书，大学文凭不保证你可以成功。"

考试又不会考，我读它做什么？如果孩子从小形成读书的观念及态度，等到他们长大了，父母要他们放轻松时，他们反而觉得不自在。这是目前我家两个孩子的情形。

习惯做别人不愿做、不想做的小事，持之以恒，终有一日将是人生的大赢家。

人家牛顿也这样马虎啊

> 不能一面强调自己是机动车，是可以上高速的；一面又想在停车时，妄想停在自行车的位置比较省钱。

多年来已有多位听众向我反映，自家孩子老是忘东忘西、丢三落四，怎么提醒都没用，有时气不过念叨一句，孩子居然马上顶了回来："人家牛顿也这么马虎！"妈妈愣住了，不知如何反驳。回到家，我讲给太太听，她说出自己的想法：

"人家牛顿那样认真地做研究，你是吗？如果是，我不会再念叨你，甚至鼓励你丢三落四，等你成为令人佩服的牛顿。不是只比忘东忘西，而不比努力。"

对！这也是我认为的正确解答，君子所见略同。但好多妈妈却被儿子唬得一愣一愣的，反应能力和口才都不及儿子敏捷，还真误以为孩子有牛顿的潜质。

有些孩子只是习惯于合理化自己的懒、无所谓、不在乎的轻视态度，拿名人当挡箭牌而已。他们真的了解牛顿忘东忘西背后的真谛吗？还是只记得他忙到把表当鸡蛋放入锅里煮的那一幕呢？

很多孩子被骂后都顶嘴道："牛顿也是马虎到把表放入锅里煮，聪明的人都这样的啊！"妈妈傻笑着，认为孩子的话好像言之成理，也说不出哪里有问题，让孩子得意洋洋、顺理成章地继续"马虎"下去。

聪明的人都这样？你只说对了一半，貌似像也只是一半。聪明外加努力的人，大部分都这样，我承认，你如果只有聪明，缺少努力，就没资格说这句话，充其量只是会耍嘴皮子的小聪明罢了，只会吹"牛"又迟"钝"，此钝非彼顿，没有牛顿的精神。

有的妈妈乍听到"马虎"就是聪明，还以为是正常的好事，忽略了全貌。只有聪明而不努力的"马虎"，其实是最惨的。灯不点不亮，话不说不明，不要冯京当马凉，下面我们就一次说清楚。

牛顿为了研究制作望远镜，也曾忘了吃饭，虚弱得快昏倒撑不住；而你三餐从来也不用人提醒，时间未到就叫饿，也没看过你因读书忘了吃饭或昏倒过啊？还自比牛顿？什么都能忘，吃饭跑第一，选择性马虎，拿牛顿当借口。

笑人家把表当鸡蛋煮？那个时候的牛顿已是教授级的了，是专注于最重要的某事而忽略了次要的事，而你却都只记得次要的事，重要的正事反而都忘了，和牛顿相反，这才叫马虎！只要有大的优点，别人会忽略、缩小你的小缺点。待你成为教授，得到他人的肯定后，马虎没人会说你，别人只会体谅你的忙。但你现在的身份是学生，牛顿当学生时很认真，功课是很棒的，你确定自己和牛顿一样?

你的数学有他那么好吗?人家可是发明微积分的,而你连微积分都没听过,更不要说会算甚至发明了。人家小时候思考"苹果怎么会掉下来?"而你只是想着"苹果怎么吃?"人家是努力思考、专注实验,无法面面俱到是为了成就大事,不像你是无所事事。人家的马虎是可接受的,人之常情的,甚至佩服的,而你的马虎根本是"欠骂"!人家是才华盖世,发现的伟大定律不知凡几,你是不知所云。

某位女艺人挖鼻孔扮鬼脸上新闻画面,她却辩称"学某前辈的"。后来被批:"不学某前辈的专业、敬业,学人挖鼻孔作什么?"同样,你不学牛顿的精神及态度,学人马虎作什么?马虎是因为太专注而废寝忘食,而你专注什么而马虎、废寝忘食——上网、打游戏还是玩手机?

孩子要学的是牛顿的刻苦钻研的精神与忘我的境界;不能一面强调自己是机动车,是可以上高速的;一面又想在停车时,妄想停在自行车的位置比较省钱,这时又忘了该"比照汽车"这回事了。

同理,孩子又要借牛顿脱罪,对他所有好的对的却不想比照?这种双重标准,你最多是山寨版的"牛顿",又牛又顿;只会吹"牛"又矛"盾"!

当然,以上都是语气较呛的反讽,心软的妈妈也可选择较温柔不刺激的"请君入瓮式鼓励版",免得引起青春期孩子的反弹。

"你说得没错,我也能接受,可见你有牛顿的特质,以你的马虎程度,将来成就必能超越他。学习是从模仿开始,相信你每一天绝对都能像牛顿那么努力、专注。我很为你高兴,也很期待这一天!"

儿子马虎事迹千百种,有一次他把裤子丢入洗衣篮,被妈妈放入洗衣机了,取出来晾时才发现口袋有手表,放学回来不但不知反省,还在一旁沾沾自喜地说风凉话：

"哇！我和牛顿一样！只是他的表是放锅子里煮，我的是放在洗衣机里洗，以后我就成为牛顿了。"

"嗯！不错！这段话下一本书里会出现。"我很高兴挖到宝了。

"喂！当我没说。"儿子逃之夭夭。

哎！从小就非常马虎的他，曾忘了洗澡、忘了刷牙、忘了洗脸，还常忘了带课本，什么都能忘记。幸好，他还记得我是他老爸！

孩子马虎，我要帮他吗

如果不马虎，我根本没时间思考一些创意。每一样都在意，每一样都小心，那就不敢挑战了。

很多父母曾问过我："孩子马虎，到底帮不帮他？"许多父母很困惑，不知如何拿捏。不帮？孩子那么累，没时间、睡不醒，不忍心！一直帮、帮太多，又怕孩子被宠坏了，缺乏自我责任意识，甚至成为生活白痴，日后无法独立，失去生活能力。

上个月到桃园大溪一所初中演讲，到了提问时间，有位妈妈问："上初中的儿子很马虎，什么都能忘记，要帮他吗？"

"他的学习态度和成绩如何？"

"都不错。"

哎！要问孩子马虎的事，问我就对了，因为我家就有一个。

"如果是正向的、认真的忙，而将正事忘了，我会鼓励你一定要帮，不然他会没时间睡觉，就如公司总经理需要一位秘书提醒行程一样。我也因太忙，时常要太太帮我记东记西，难道我有错？你儿子学习认真，要帮他，但得设定时间点，到了大学已过了课业高峰期，就要学会放手，只需用眼睛观察即可，不然帮多了形成依赖就麻烦了。"

这位妈妈听完我的话豁然开朗，一下子就懂了。我大略归纳了以下两点：

一、不忙不帮，不因忙正事的马虎我也不帮。至少让孩子学会承受及面对，有能力可以自己解决自己惹出来的问题。

二、努力、认真、态度佳，忙于正事的孩子我一定帮；但也只帮到高中毕业为止，帮一辈子就犯了大错。

课业及能力至少要抓住一项，我比较贪心，两项都要，所以才变通设了一个时间点。

不要过分担心、管得多，导致孩子不能独立，因为我们愿意付出、懂得要求，孩子的品格、课业、态度都能保持在一个比较高的水平。大学后我们放手，孩子的独立能力、生活能力是绝对还来得及训练出来的。

一般来说，越马虎的人，越有资优的特质。而天赋不凡的孩子有三大缺点：一、有个性，自我。二、EQ差，脾气差。三、严重地马虎。而马虎也分两种：资优型的是正常的，请给予空间；一般型甚至是平庸型的马虎，那叫不在乎、无所谓，态度一定要矫正回来。

儿子曾嘀咕："连这种小事都要记、都要管，这样我什么事都不用做了。"

"大师"开示的是，太注重枝微末节的人，是成不了气候的，有天赋的孩子心中有自己的一套逻辑。原来马虎在儿子的口中，成了他们这类人的大优点，聪明人有聪明人的想法。说得也没错，牛顿若连小事都要被管，那牛顿也不会成为牛顿了。

"如果不马虎，我根本没时间思考一些创意。每一样都在意，每一样都小心，那就不敢挑战、不敢闯了。限制太多，那又表示什么？这种马虎可以被体谅，真正不能被体谅当借口的，应该是马虎又不认真思考的迷糊。"

我这老爸好像换人当了，被自己儿子训了十分钟，因为他说得太有哲理，我只能乖乖地竖起耳朵听，不敢回嘴。他从高二起，连续选上班长、副班长，姐姐第一个跳出来吐槽：

"选一个马虎的人当班长，你们全班不是废了吗？"

妈妈也接着说："他们班上的同学眼光不好，要自求多福了。"其实这可能和他不计较的个性有关。晚自习的晚餐常是同学的零食来源，饿的人随时会找他，袋子内一定有干粮、豆干、饼干。我还奇怪他的人缘什么时候变得这么好？原来是靠贿赂来的，哈哈！但有趣的是，他对公事很谨慎、很尽责，丝毫不敢怠慢，也没听说出过什么差错。

奇怪了你！原来只敢马虎自己的事？从小丢的东西简直不计其数，比如，课本、校服、水壶、泳裤、雨伞、手表，等等。最近到台湾大学修课，保温餐盒也可以丢？去年他怎么找也找不到一件自己很喜欢的衣服，细想之下才发现丢在了加拿大，全球都快布满他丢的东西了。除了粘在皮肤上的以外，什么都能丢。

其实，儿子是一个非常有资格马虎的人，他无时无刻不在为自己的兴趣、理想、前途打拼着，这样认真努力的孩子，我怎能不帮？

不过对于这种人，等我老了决不跟他单独出门，因为他一定也会把我弄丢！

第六章

怎样让孩子主动学习

好难啊！我不会

学习时的苦痛是暂时的，未学到的痛苦是终生的。此刻打盹儿，你将做梦；而此刻学习，你将圆梦。

让孩子提前学习的父母，一定有个熟悉的共同回忆——常听到孩子抱怨："好难啊！"

我是一路听到腻歪。女儿高二时，换了位数学老师，因为她很适应原来那位老师的教法，女儿很不舍，分班后向原来的老师要他的讲义拷贝。聊天当中老师谈及自己读小学一年级的儿子，虽然买了很多数学辅导教材，但孩子却一直在叫："这么难！"

"就是难才要学啊！"老师这样回他儿子，女儿听了就觉得好好笑、好熟悉，以为这位数学老师看过我写的书。这句话就是我常用来回答当时还读小学儿子的话，记得接下来应该是：

"那你永远学一加一,好不好?"

"不要!"

"太简单的你嫌无趣,学过的你不屑,具有挑战性的新题型又喊太难?这也不要,那也不要,那么你到底要什么?"

就是难,才要学。会了就不难,觉得难就表示你还不会。这句话使得林口①的一位妈妈打电话来称赞我的书真好用。她儿子五岁,常教他一些常识或英文,儿子却直嘀咕:"好难喔!"

这位原本不知如何回答的妈妈,买了我前几本书后,就套用我书上的话现学现卖,回复儿子:"就是难才要学,你要学简单的吗?不会的叫作难,会了就不难了。"她儿子觉得很有道理,不再抗拒。

我的两个孩子从小时候起,我就不断地灌输给他们:"就是难,我们才有机会。认真学,难的会变简单;不认真,简单的也会变难!你是要以后愈来愈难,还是现在难但日后愈来愈简单?"

事实上我的两个孩子,都是这样"难"出来的。刚开始边叫边学,因为我的话在长期的功课上得到印证,孩子终于了解、接受并愿意挑战。

喊难,永远怕难!就是难,就是人家不愿意做,我们才有机会。像我平生不坐飞机,纵然你付费请我出国游玩,我也会拒绝,因为我有惧高症,一个连上高架桥都会腿软的人,怎么坐飞机?我宁愿一辈子当宅男。飞机?看看就好。哈哈!亏我还当了三年空军战士,年轻时我已下定决心:这辈子决不坐飞机。

哪知前年金门的一所学校邀请我去演讲,让我不搭飞机的誓言被打破了。说实话,决定付邀前我也考虑了好久,想了很多理由拒绝,但我也

---

① 林口区,位于中国台湾省新北市。

知道，这一次觉得难，不跨出去，我会永远排斥，以后就更没机会突破自己了。

为了给儿女做个榜样，为了挑战自己，我硬着头皮接了下来。出发前一晚，我好像荆轲要去刺秦王前的易水送别，还故作无事地问女儿：

"明天我要去金门，要不要照张相回来给你看啊？"

我那孝顺的女儿回我："那不重要，你只要记得买两包贡糖回来给我吃就好了。"

老爸担心了半天，女儿却只关心贡糖。算了，我转身问出国经验丰富的儿子：

"好紧张喔！不知道你爸明天会不会坐飞机呢？"

儿子却很淡定地说："有什么好紧张的，只要有屁股的人都会坐！"

这真的是我儿子吗？你一定要这样回答我吗？我只好不甘示弱地恭维他：

"你的屁股真聪明，还会坐飞机。"

去年我又去了一次金门，原来坐飞机真的不难，有屁股的人都会坐，我也借机向儿子证明：你爸真的是有屁股的。

去年女儿大学学测，数学考题是五年来最难的，但她反而写得很顺。他们学校的一位数学老师说，以前他做一份考卷二十分钟，这份考卷很难，居然写了四十分钟！女儿回家对答案："这题对了！""这题也对了！"在一旁的弟弟笑她：

"你以为你是批卷老师，自己说对就对？"

不理会弟弟，她笑得合不拢嘴："好，数学十五级满级分，宣布当选！"全家人都笑歪了。

难吗？是对那些以前喊难而放弃的人。女儿没放弃，所以现在觉得太简单了。数学好，物理自然好，一科救两科，女儿也靠理科超强申请到台中"中国医药大学"药学系。一位同班同学总级分赢她两级分，却在第一关就被同校系刷了下来，很郁闷地跑来问女儿怎么回事。原来此系第一阶段比的是数学、自然、英文，她败在数、理上了。

数学是科学之母，非常的重要，数学好也和资质无关。以我女儿从小出名的"木头"头脑，照样初中数学全校第一；高中数学全校第一；大学学测数学满级分。

连天资聪颖的弟弟也臣服其下，这要归功于我独创的"长、中、短程不补习法"，所以女儿课内的考试绝对没问题；如果是竞赛，就要靠弟弟的思考、延伸功力了。

哈佛图书馆的训言："学习时的苦痛是暂时的，未学到的痛苦是终生的。此刻打盹儿，你将做梦；而此刻学习，你将圆梦。"

现在两个孩子终于相信我的话了，以前的"难"是为了日后"易"；以前不愿意难的，现在都变难了。他们两个今日觉得容易都是以前难出来的，就是难才有你的位置！

这么多、这么难，我做不到

想要得到，就不会觉得辛苦。觉得辛苦、觉得难，就是你目前还不想得到。

一件事难或不难，决定权在父母，而不在孩子。孩子是主动发起的"元凶"，大人则是被动附和的"帮凶"；没有"帮凶"，"元凶"是成不了气候的。

我近十多年来看过或听过太多这种父母是"帮凶"的实例了。

孩子："我写这么多、这么难，考试成绩也没有提高，有什么用？"

大人："对啊！补了半天，分数也没上来，难就不要写了，反正没用。"

不明就里的父母，听到孩子喊好难，就心软了，心想成绩也没进步，考试现在又不考，何必这么折磨孩子呢？于是听孩子的话，顺着孩子的意思，推掉所有的提前学习，孩子当时好快乐。

但是到了初中，父母又逼着孩子去补习，让孩子一下子又掉到更痛苦的深渊。这时的父母应该会后悔：当年免去提前学习的同时，也顺便免掉了孩子的基本实力，甚至连孩子的耐性与态度也都失去了。

学龄前的提前学习能取消，请问小学学习遇到难题还能取消吗？唇亡齿寒啊！少了第一线警示保护机制后，原本位居第二线的小学，自然跃升为必须面对的第一线，孩子自然步入逃无可逃、退无可退的窘境，只好痛苦地上补习班。

眼前就有一个活生生的例子。一位妈妈买了我第五本书后，打电话向我保证要彻底改变。几年前，她看我的第一本时，虽然觉得书上说得很有道理，但当时孩子还小，且进前十名没问题，于是没太放在心上，孩子一叫难就放弃了，后来果然出了问题。

开始第一步的磨合期会比较辛苦，但也很重要，就像夏天洗完澡后，体温很高，房间闷热，刚打开冷气不会马上觉得舒适。这时躺下来根本睡不着、很难受，想马上进入梦乡是很难的。但如果你不心浮气躁，静下来慢慢等待室温下降，等温度降到差不多了，又怎么会睡不着？

同理，一开始觉得难，是孩子的基础能力不够，是不是也应先提升孩子的能力？他的能力愈来愈强、他的学习愈来愈顺手后，自然就觉得不难了！于是一个能力上升，一个难度下降，黄金交叉点就出现了，越过交叉点后，孩子会愈来愈有自信和成就感，因为他心里知道自己战胜了"难"。

有些父母对孩子，难以耐心地坚持到黄金交叉点就放弃了，但你会因为开始难以入睡而干脆不睡觉吗？不会！因为不睡不行，不然明天马上就有后遗症，无论如何都要想办法睡着。但是一段时间的学习，无法立即看到成效，因此多数人总是选择能闪则闪，以后再说。

古代外科手术不发达，产妇遇到胎位不正时就很危险，难产时根本是赌命。所以小时候当我有难题无解时，外婆总安慰我说"头过身就过"。但现在医术发达，观念要跟着进步，不要再等"头"过了，该选择"爱怎么过就怎么过"！

教育孩子：不能预期太高，不然失落感会更大。我们只要努力、尽力就好，成功就交给命运吧！难？做不到？连我太太这种笔拙口拙、上台就腿软的人都能出书《6岁前，带住孩子的心》和上台演讲了，还有什么不可能、做不到的？

小学时没有效果，不代表初中、高中没有。我们用了三四年后才看见成绩，有的妄想立竿见影，怎么可能？

若父母能坚持下来的话，孩子到了初中、高中，与同学之间的差距就显现出来了，你会看到显著成果。想要得到，就不会觉得辛苦。觉得辛苦、觉得难，就是你目前还不想得到。孩子不懂，但大人千万也别跟着不懂。

先有鸡还是先有蛋

"上有好者,下必从之。"身为火车头的父母不动、不用心,孩子也学你不动、不用心。

"爸爸,先有鸡,还是先有蛋?"

儿子刚进小学时,有一天忽然问了我这个问题。对于只有初中学历的我来说,这问题考倒了我,对这个无解的问题,我只好回答他:"都有可能。"

到了五年级时,他又问我同样的问题,我才惊觉几年前的回答,他不满意,也不精确,所以他会再问一次。

我想起了小时候读书时课本里的一个故事,瓦特有一次和妈妈到奶奶家,看到奶奶正在烧开水。他坐在一旁观察,当水煮开时马上问道:

"奶奶,为什么壶盖会跳动呢?"

祖母笑着说:"傻孩子,水开了,壶盖自然就会跳动啊!"

这显然不是瓦特预期中的答案,他要的是原理,而非表面看得到的自然过程,孩子不需要大人没营养的敷衍话,不满意时他只好自己思索、推断,发现原来是蒸汽推动的,因此发明了蒸汽机,让人类进入动力时代。

当孩子读小学了,我也深深体会到要给孩子一个具体的理由与想法,因此很认真地想了一天。但并没查数据或电脑,因为那是别人的想法,我很严肃地告诉儿子关于自己的判断:

"爸爸个人认为,应该先有鸡才合理,那第一只鸡哪里来?没有蛋怎么会有鸡?我想有可能是突变或长期演化而来。"

当时,儿子似懂非懂,无趣地走开了,没有继续提出延伸问题。几年后,儿子已经高三了,他居然道出了当初问这个问题的目的:

"当初问你这个问题,是因为在学校别说同学,连老师都不会,所以才故意回家问你,准备看你笑话,心想你肯定不会。之前每次问你问题,你都会答,当时的心态就是如果你不会或没有答案,你就输了。哪儿知道随便问一问,你居然也正经八百地回答我——不好玩。"

想不到孩子小学时就有了心机,耍我?耍我下不了台?如果我是一个习惯不回应的爸爸,在孩子的认定里就输了,那我还能带得了他吗?如果带不了,那儿子又会是今天的样子吗?事实上许多父母,从不正面回答孩子的问题,也不去寻求解答,这种不愿跟着孩子成长的父母最可怕。

就算不知答案,我还是会把自己的想法分析给孩子听,虽然很烦,但不会不理他,这种习惯使两个孩子到现在都还会找我们大人讨论。所以别怪孩子长大了不理你,原因还是他小的时候,你不理他!

儿子小时候我教他,现在换他教我了。读高中后他告诉我:

"'先有鸡，还是先有蛋？'是大多数孩子总有的疑问。其实，这个问题源于我们对于'蛋'和'鸡'的认知不明确，想要得到真正的答案，就必须对问题有正确的认知。

"一般而言，我们所说的'蛋'，指的是受精卵外有着白色结晶硬壳者，我们称之为蛋。至于'鸡'，应当是指'有能力产下蛋者的生物'。好了，我们已经清楚地定义它们了。

"但是第一只'鸡'呢？很显然，它不是从鸡蛋里跑出来的，否则产下那颗蛋的也应该叫作鸡，那么第一只鸡也就不是第一只鸡了。那第一只鸡到底从哪儿来的呢？其实是由两只不同种类的'原始鸡'所产下，学术上称之为'杂交'，只不过受精卵外并没有蛋壳附在外面，但是当它再与自己的同类进行繁殖时，它们产下的受精卵外却有了蛋壳，即我们俗称的'蛋'。

"这一切看似突然与不合常理，事实上有很多常见的例子可以进行模拟。例如：马与驴杂交后所产下的物种，既不是马也不是驴，而是'骡'；雄狮与雌虎杂交后所产下的，称之为'狮虎兽'。只不过骡与狮虎兽都无法生育，而无法像鸡一样成为新种。

"综合以上的叙述，我们应该说：'先有鸡，才有鸡蛋。'提出先有蛋论点的，那颗蛋并不能叫鸡蛋，充其量只能叫作'杂交蛋'。所以，先有'杂交蛋'才有第一只鸡，但先有鸡，才有'鸡蛋'。"

儿子说的我一时记不下来，就请他把想法打字整理好之后给我。他只花了十多分钟，却要求抽我版税，父子间这笔账很难算了。

"上有好者，下必从之。"身为火车头的父母不动、不用心，孩子也学你不动、不用心。下次孩子再问你鸡生蛋或蛋生鸡时，不要不理或只说不知道。

老师借课，从来都不做实验

要改变心态，课内知识只是基础，要赢在课外、赢在思维、赢在习惯与态度，学校不考的反而更重要。

有一个周六晚上，一位爸爸打电话来问：生物课老师都不做实验，但儿子很有兴趣怎么办？该买烧杯及其他实验器材给他吗？

"如果你的经济许可，当然可以买给他；如果不行，试着向学校借借看。但安全防护要做好，实验衣、护目镜……"

可怜我们的教育，为了升学只看到眼前的利益——焚林而田，竭泽而渔。

"孩子，老师不做，我们自己做！"这是我给孩子的标准答案。

也有家长在我的博客上留言：

"初三化学，学校没时间做实验，学生只能靠背，这样实在很令人担心，请问要如何解决呢？"

其实这已是常态了,为什么我一直强调,教育不能完全只靠学校和老师,家庭教育更重要?我的孩子也曾经历过:生物课本教不完,老师一直忙着赶课,实验课取消,让学生死背答案。然而,我不禁要问:到底是过程重要,还是答案重要?是老师直接塞给你答案重要,还是学习自己思考重要?

令人无奈的是,在升学考试里,实验过程不考,但标准答案会考!肯死背的就能考上好学校,但同时却也扼杀了孩子的创造力。于是,一些家长只好私下找相关资料帮助孩子填补这一不足,或者买材料做实验——当然得在确保安全的状况下。儿子就有这种习惯,我也全力配合,所以思维逻辑很强。

儿子小学时独自制成磁浮列车(模型);初中研究氢氧电池,一整本书厚达七百多页。当然,这些学校并不考,但是却很好地锻炼了孩子的思维能力和动手能力。那时,我时常开车带他到处买材料,只要孩子做的事对,做家长的就要身体力行地去支持。

以前我读初中时,老师借课的状况更是夸张,体育、工艺、美术等凡是与升学无关的科目,都被牺牲掉了。想不到几十年后的今天,这种现象依然存在。

高工科技公司信息科的一位主任指出,考试制度是始作俑者,统测考五六科,只要把考试科目背熟,不必做实验照样考上好学校。学历升级,技术却弱化了,大学计算机工程系学生不会写程序,电机系学生不会看电表,这都不足为奇,因为升学考试都不考这些。

媒体也多次提到,台湾地区中学生的科学素养大退步,专业自然科教师不足,有的老师科学素养不足,教学只能照本宣科,几乎不做实验。连我们大人都在无形中灌输孩子"这又不会考"的错误观念。

一方面指责他们不考就不读,另一方面自己又做相同的事,这样口是心非或者口非心是的虚伪教育，能让孩子有足够的竞争力吗？在这种恶性循环之下，只有填鸭式教育、只有牺牲素质、只有小的时候了了，高中前靠死读书在国际竞赛里大放异彩，但成年后叫得出名字的科学家有几个？这种"急就章"式的速成教育，根基不牢，我们就输在了思维及创意上啊！

我们没能力要求学校一定要如何做，但一定有办法要求自己孩子该如何补足自己的缺失。我们无法控制他人，但一定要能掌握自己。

在升学压力下，孩子常问大人："这题会考吗？"但日常生活中，我们遇到的问题，不会有标准答案，也没有选择题，一味传授标准答案只会让孩子的思维僵化，孩子也无法面对未来的世界。

家长若能鼓励孩子，上课前先在家读过课本，就会有更多的时间来做实验。要懂得将课堂上的知识应用在日常的实际生活中，否则这个知识就是虚的、空的。

当前在升学压力下的教育方式，很多已被扭曲：受时间的排挤，孩子只学会短线操作，只懂得死背。家长眼中只有升学率，只有重点学校；没有过程，没有思维，没有礼貌，没有道德标准……因为这些都不考。

伟大诗人但丁说过："智慧如有不足，可以用品德来补；但品德不足时，无法用智慧补足。"目前高学历者（如硕士、博士）的比例虽高，读书人多却不用心读透，只追求空有的学历。因为从小就注重考试，对不考的就无感、忽略、不关心，当然包括生活教育及道德标准，学生、家长都一样。

因此，我们要改变心态，课内知识只是基础，要赢在课外、赢在思维、赢在习惯与态度，学校不考的反而更重要。尤其品德教育，是一切教育的根源，一定要从小扎根。如同爱因斯坦所说："众人都说智慧造就了伟大的科学家。这是错误的，品格才是。"

为何要做这么无聊、重复的练习

第一名会成为过去,态度却是一辈子的。简单的事,重复地做,就是专家;重复的事,用心并努力去做,就是赢家。

一些读者常在我的Facebook或博客上留言,交流他们的一些想法。最近一位妈妈提出并讨论对聪明孩子的态度拿捏问题,我觉得这是一个非常棒的范例,特别举例和大家分享。

这位妈妈看完了我的前五本书,是一位很认真的忠实读者。提及教育观念,她和我有诸多相同之处,唯一的不同点就是从未想过让孩子"提前学习"。不过,她的孩子非常喜欢阅读,平时进行大量的课外书籍阅读与主题延伸讨论,言谈中不难发现,她的孩子其实是超越同年纪孩子的。这个读小学五年级的孩子平日很喜欢挑战题型,但非常不喜欢做反复练习,因为他对反复出现的学习任务有厌恶感。

之前为了参加数学竞赛，学校利用午休时间让孩子反复做练习。结果每一大题他都仅写一小题，其他的故意空白不写，最后，连指导老师都懒得批改他的练习试卷。

他的妈妈个人很重视过程与态度，曾问孩子为什么要这样，可是孩子却回答：

"为什么要做这么无聊又重复性的东西呢？"

但最后考试成绩却证明了孩子的实力，他还是拿下了特优奖杯。所以是不是该针对孩子的学习情况与特质区别对待，这样才更合理呢？可是不断练习也确实是学习中很重要的环节呀！父母这时又该如何说服孩子呢？

大量阅读的方向是非常正确的，但很多聪明的孩子却很没有耐心，惰性强，理由多、借口不少。因此，不断练习在小学和初中阶段还是非常必要的。

"为什么要做这么无聊又重复性的东西呢？"若孩子在高中时这样问，我非常赞成，也接受。教材范围广时，确实不能一直绕在一个点上，这样会使孩子严重失去创意思维及拓展分析能力。但在小学，学习之初，基本功、学习态度与过程很重要，最终结果只是附加价值而已，不趁小训练，长大定型后就难了。

尽力后的第二名，比不尽力的第一名还要可贵。就如名校的孩子若是品格不好，那名校的光环反而是被攻击的弱点。同理，第一名的孩子如果态度不对，没有耐心，当然也就不是最优秀的。

第一名会成为过去，态度却是一辈子的。就如我太太最近讲的一句话："简单的事，重复地做，就是专家；重复的事，用心并努力去做，就是赢家。"

但父母应该如何说服孩子呢？要让孩子知道我们看中的是哪一点：如果没有学习态度，拿到第一名，不用称赞他，也不要表现得很高兴；反之亦然。大家知道要怎么做了吧？

或许，有人会反驳：孩子就是因为这样才得奖的呀！没错，所以我才问这位妈妈：到底你看中的是哪一点，要的又是什么？如果是学习态度，那么宁可先不要这个奖，孩子以后得的奖会更多、更大。

在聪明度和学习态度赛跑上，我不会因孩子后来得到好的成绩，就认为他之前的任何行为都是对的，而反之就是错的。同样一件行为的判定，岂能以成绩论之？这和我的理念不符。

每个家庭、孩子的状况都不同，选择适合自己的孩子的路，你自己认为对的就是对，没有绝对的对与错。至于我个人，我会选择走成功概率较高的路。有的孩子真的很棒，但他可以更棒、最棒、超级棒！

我儿子以前也是非常排斥反复练习，总认为一直写那些无聊的东西没什么用。但他那时不知学习态度的培养更重要。现在呢？他感谢我都来不及！

举个例子，在他高中时有一段时间，生物、数学免修，物理更是从头到尾都不必上课，阶段考试少考好几门，时间完全自己安排，一天到晚都可以休息或做自己感兴趣的实验，每天睡九个小时以上……

而女儿是乖乖牌，小时候叫她写什么就乖乖照做，如果不是当时一直重复学习打下根基，今天她数学和物理不会这么好，学得这么快乐，而且小学、初中、高中共拿下三个市长奖、三个全勤奖。高中放学回家，她都会跟我们分享在学校里快乐的点点滴滴：

"我们物理老师还跟她先生讨论我的学习方法呢！"

"喔？你们物理老师是男的还是女的？"我好奇地问。

想不到女儿很不耐烦地提高嗓门对我说：

"我刚才说她跟老公在讨论，你认为她是男的还是女的？她同性恋？"

他们三个捧腹大笑，我只能苦笑。

天资聪颖的孩子在初中、小学的时间很多，不浪费的话，他们绝对有能力实现小考小玩、大考大玩的境界，让基础训练及创意思维并进；资质一般非思考型的孩子，显然基础和创意无法并进，但若不利用小学时段打下根基，两者皆会落空，我女儿至少还抓到一个。

凡事早准备是有必要的，尤其是对孩子的教育。常看到雨伞或雨衣店门口的招牌写着："晴天九折，下雨没折。"是啊！如果不趁小时候对孩子多加陪伴、规划、雕塑，长大后我们真的就对他们"没辙"了。

吃饭配电视，胃会坏掉

关键在态度，胃只是借口。蛀牙可补，睡眠补不回来；自学态度与自信不树立，最后连功课也跟不上来。

为了有效利用时间，现代人必须学会在同一时间段内能够同时做好两件事。一个时间段只做一件事，这种想法已是过去式，因为一天二十四小时根本不够用。不会利用时间的人，只好牺牲睡眠或放弃学习。

在生活中，可以结合在一起的，尽量合并在一起做，才有多余时间可利用，学生才能保证更充足的睡眠。比如我在跑步机上运动的同时会思考；吃饭时看新闻报道；等火车时看书或看报；女儿高中三年坐校车二十分钟的同时，一定以MP3听完前一天的英文杂志内容，效果非常好。所以我演讲时常提到，不想补习又想睡饱，唯有充分利用时间提前学习，结合吃饭时看教学片，初中、高中才有时间睡觉。

两年多前，一位初二学生的爸爸听完演讲后，问我：

"教学光盘很好，但老一辈的爷爷奶奶、外公外婆无法接受，担心伤胃，怎么办？"

"关掉？现在什么时代了，许多孩子补习，晚餐不是狼吞虎咽，就是没时间吃，这样更伤胃怎么不说？在睡眠不足的情况下，有时还需靠咖啡苦撑，免疫力都降低了，眼睛也坏掉了，还何谈胃的好坏？我这样做只是几年，胃不一定会坏，如果不做，不是身体坏，就是成绩坏。你只看到你担心的那部分，其实另一面没看到的更严重，两害相权取其轻，我只是选择伤害最轻的，你也可以分析给长辈参考。"

顾忌太多，什么事都不用做了，什么都想要也就代表什么都做不好。就算是每天一小时的胃不好，但看到分数后的振奋及期待，其实我们剩下的二十三小时都在笑，自信和快乐的心情，早已掩盖并弥补了这一小伤害。总之，想要做的，有一百个困难也会克服；而不想做的，只需一个借口就会放弃。

人们常说"民以食为天"。外婆就常告诫我吃饭时要专心吃饭，不能再做别的事。读小学一年级时，我边吃饭边写作业，想不到外婆夺走我的作业本丢在地上，骂我"假认真、不专心"，害我大哭一场后，从此不敢造次。然而我长大后却鼓励自己的孩子这样做，因为时代变了，不能再墨守成规，不然吃亏的是孩子。

儿子班上都是利用上课时吃便当以节省时间，常常不到十点便当就光了，老师也默许，省下中午一小时可以睡觉、下棋或打球。

许多家长不认同的原因，还是在于他们认为：吃饭就是要好好的，全家人一起在桌上聊聊天，好不容易有时间聚在一起，怎么跑去看电视？我们家常谈心聊天，并不差这一餐，既然如此，为何不做最理想的时间分配？

其实不是我聪明，一切都是误打误撞而来，有时看似小缺点，变通一下即可成大优点。我的两个孩子在学龄前，吃一顿饭至少一小时以上，骂也骂了，打也打了，计时、端水、罚站……都没用，只好顺势而为，以引导代替处罚，想不到失之东隅，收之桑榆。

吃饭太慢会蛀牙我承认，但吃太快的人，最新的研究报告显示患糖尿病的风险可能升高。每个人谈辐射色变，抽烟的利害却轻轻放下？

不想要的，一点点都不行；自己要的，再多也不怕？曾经有位读者叫孩子吃饭时顺便看教学片，孩子反驳说："一边看电视一边吃饭，胃不好。"妈妈就因此没要求孩子。到了初中成绩出来了，心情不好、心脏不好，我看胃都抽筋了，只好每天放学回来赶时间去补习，作息全乱了。

我还是那句老话："关键在态度"，胃只是借口。蛀牙可补，睡眠补不回来；自学态度与自信不树立，最后连功课也跟不上来。

上过我六小时课的读者，一定知道有一堂课是边吃饭边看英文或光盘，有人就问了：

"光盘可不可以饭后看？因为我们吃饭很快。"

"我只是要你们吃饭就要想到看电视，就如医生交代吃药要照三餐吃，道理是一样的，这样才不容易忘。但我不建议饭后看，因为容易放松、昏沉、想睡；但如果孩子可接受，我也不反对。饭前也还OK，有一点饥饿感，头脑较清醒。"

以前孩子读小学、初中时，我尽量不带他们去外面吃饭，因为既浪费时间，又少看一集光盘。在周末或寒暑假，我们是真的照三餐看才看得完，由我主导放片。太太和我们一起看了英文光盘后大叹：

"我以前要是有这个东西，说这么清楚，英文就不会那么烂了。"何止英文？还有数学、物理呢！

吃饭可以看电视吗？怕消化不良，当然是能不看就不要看。但为什么还要看？因为学生时间宝贵，充足的睡眠和学习态度更重要。就如大人每天人手一杯的咖啡一样，没有一定的对或错，端看你自己要的是什么、该如何取舍。

老师没教，我怎么会写

> 早会晚会都要会，为何不早会？早做晚做都要做，为何不早做？你没试几次，又怎么知道自己不会？

聪明的孩子较高傲自负，也较有惰性，是懒、不愿意而不是不会，因此，时常会排斥提前学习。曾有这样一对双胞胎，小学四年级考完试后，暑假在家没事做，妈妈要求他们提前学习五年级的参考书，想不到孩子异口同声反驳道：

"老师没教，怎么会写？"妈妈哑口无言，于是向我求救。

来到我这里，实地示范，我证明给你们看，一定会写。我要孩子坐两旁，把数学课本念一次而已，我根本没有教，只以声音帮助记忆及专注力，念完后让孩子自己看看前面批注，总共花了不到十五分钟后，要求孩子马上写题目马上改，结果八十多分，证明我所言不假。

不熟的状况下，孩子还能得八十多分，等老师教完一定会更高。不是不会，而是不愿意走第一步，没有试你怎么知道不会？

好巧，这次寒假开学的前两天，也是一对龙凤双胞胎不想上托管补习班，妈妈又怕分数掉下来。老师还没教，我们要求妈妈买好下学期的参考书，按照步骤"表演"给妈妈看。

我太太当场请孩子自己解答老师未教的数学参考书上的题，告诉他们："这不是考试，也不是比赛，自己看范例自己写，不会的空出来就好。我相信你们一定会的。"

姐弟俩埋头写起来，三十分钟后休息，批改时姐弟俩也很好奇：到底自己写得如何？也在一旁看结果。太太完全没教，只是耐心地请他们自己找出自己的错误，自己订正。来来回回三四次，最后，他们凭自己的能力完成了一个单元，孩子很有成就感，也很开心。

我也示范了语文，当场写测验题，姐弟俩都有八十分上下的水平。我要他们自己把用猜的那些圈起来，错的马上订正，孩子很高兴，也很自信。找到了适合自己的学习方式后，他们终于可以脱离抱怨已久、又累又烦的托管补习班了。

小学的数学太简单，我不建议看光盘；一直靠老师教，都成了填鸭却不会思考了。所以应先以动脑、笔算实际运用为主，按照我第四本书《我这样陪孩子走升学路》里的"长程不补习法"，去引导与启发孩子。我们当初是在孩子小学六年级前，学完初中数学课程后，才回头看初一光盘当复习用的。当然，来不及做长期学习的同学，也只好从光盘入门亡羊补牢了。

在线数字学习是必然趋势：可以反复学习，网站也有初中小学英语、数学题库，在线免费练习，台湾的大学也有在线教学。美国大学教授就利用网络提供"顶尖大学在线免费课程",儿子原本计划到美国读书,现在不必这么急了。

"我知道哈佛教授怎么教、教什么了。"

他自己去搜寻外国教学网站,有一次在线看到麻省理工学院的教授在教物理,我在客厅忍不住,冲进书房,很惊讶地称赞他道:

"喔!用英文学物理?你听力怎么这么厉害?"

"废话!下面有字幕啦!"我"晕"了,原来如此。他还介绍大学的微积分课程给姐姐看呢!

老师没教,你真的可以会,这是自主学习的第一步,不能永远靠"老师教完才会"的心理,这样永远学不会思考。

早会晚会都要会,为何不早会?早做晚做都要做,为何不早做?你没试几次,又怎么知道自己不会?

看这个有效吗

> 态度有问题的人，永远找得到理由，而且只要有一个理由就能放弃；但态度没问题的人，只会努力去找出原因。

现在初中课程内容不断加深，老师又没教，父母要怎样让孩子提前学习？没关系，光盘片就是老师，在寒、暑假及周六、日的三餐时段，我们就可以看完数学、理化及英文。不熟的可以重复看到懂，比老师真正教的还有耐心。

等开学后老师在课堂上教时，孩子已经是在复习，还能提出更延伸的问题了，别的同学却只是第一次似懂非懂的预习而已。

一位读者朋友问我看这个有效吗？这就要看孩子的态度及父母坚持的执行程度了。大人要主动并坚持陪着看，习惯成型后才能放手。不然像有一位妈妈，买了好多的英文教材及光盘，还订了一年的《大家说英语》，但到现在都还摆在那里，孩子不看，钱也白花了。

一位妈妈更有意思，自己和孩子观赏试看教学影片，因太难了看不懂，竟然就不看了。我在电话中问她："到底是看得懂的人要看，还是看不懂的人要看？"态度有问题的人，永远找得到理由，而且只要有一个理由就能放弃；但态度没问题的人，只会努力去找出原因。

一开始改变学习方式，大人一定要陪着，看孩子是否专心，看完马上写完附赠题目，不能敷衍了事。有时我故意装傻听不懂，叫儿子或女儿到电视旁教我，他们会很臭屁地向我解释很多，最后还骂我笨！教完后，我会问另一位：他教对了吗？其实我只是要检查他们到底有没有认真而已，间接地警告他们不要糊弄！虽然他们骂我笨，没关系，只要孩子不笨就够了。

当初儿子为了考上科学班，在初三时花了一万多元（新台币）买高二、高三的物理课程，他说看一次还不太会，必须像高中数学一样看两三次才能融会贯通，而一般的学生只靠学校老师说一次，怎可能马上会？

女儿上高中时，数学已看了三次，指数、对数的内容暑假才刚看过，三四个月后又忘了，只好开学后看了第四次。不过这次她有能力快进加速了。有次在电脑上快进，我还问她："讲这么快你听得懂吗？"

她说："废话！我又不是第一次听。"

第一次看都是规规矩矩用正常速度播放；第二次不会的用正常速度，会的就快进；到了要唤起记忆、复习的第三次，为了节省宝贵时间，几乎全部用快进了，不然看不完。女儿的一位同班同学，从初中到高中都靠补习，到后期突然不补了，她告诉女儿：

"老师废话很多，又要等别人进度，如果要补，宁愿去补课看录像的，可以快进。"

如果是这样，像我们这样看教学片就好了，弟弟妹妹也用得到，省很多钱。为了提高孩子的兴趣，大人的态度很重要，要他们学会主动前，自己要很主动。儿子看数学很喜欢快进，喜欢思考，速度是姐姐的两三倍快，遥控器在他手上，换片却是我的工作，听他的使唤。

这样做不是宠他，而是让孩子体会到"我们"一起完成，是我故意引孩子上钩的桥段，儿子也配合"演出"。一个午餐时间叫好几次"换片"，这时身段很低的我，就当跑腿接受使唤，增加趣味性。等过渡期过了、习惯也养成了后，他们就自己做了。

有人问我，孩子一开始就会接受这样的安排吗？

"怎么可能？"

我从小学帮忙安排、追踪、验收多年后才定型。一位妈妈打来问光盘片的事，我太太问她：为何孩子没提前学？

"因为孩子不学。"

"孩子说不学不写，你就顺他意；那你放教学光盘，他说不看，你也顺他意，这样一定是白买了。"

"对喔！是我的问题。"

要买课程时，一定要和孩子先到相关网站试看老师的教法及进度，看孩子是否能接受。如果孩子喜欢，大人要耐心规划时间，做好进度表。这样坚持后，你会发现，初中、高中绝对能省下大笔的补习和睡觉时间，当然也省下了一大笔补习费。

不同年龄的孩子需求不同，万一有两个孩子一个看初中内容、一个看高中内容，很难一起同桌吃饭，所以我们从小吃饭是一人一盘饭菜，各自到电脑或电视前各就各位，各取所需。有一段时间吃饭是儿子在书房、女儿在客厅，而我在房间看新闻。确定了大方向，小细节我是不在意的。

打电话来的读者中，十个人中有五个是问光盘的事，所以我特地把我们看过的给读者参考，也可自行另找最新的版本。

小学：不建议看，要先学会思考。

初中：数学，施旭原老师。

　　　理化，傅政老师。

　　　初级语法，谢孟媛老师。

高中：数学，陈光老师（高一、高二）。

　　　物理，邱博文老师。

　　　英语，谢孟媛老师。

大学：中国台湾地区与国外各大学教授免费网站教学。

徐老师，读书计划表如何规划

只要想做，就没有不可能。相信自己、相信孩子能做得到，就一定可以。

出书后的这八年来，太多太多的读者要我帮他们带孩子，问我们家的作息，问我可否帮忙规划读书计划表。老实说，这已不是某些妈妈不会回答的话，这下换我自己也不会回答了。

以前我自己一点一滴慢慢摸索，再一次次慢慢转弯、修正，就算十小时也理不出头绪，何况电话中短短的十分钟？很有难度！没有深入了解孩子，三言两语是很难办到的。

作息与读书计划表对孩子影响至深至远，非常重要，牵一发可动全身。但最主要的还是要回归到大人的执行力与时刻督促，无法一蹴而就。如果跨不出第一步，哪来的第二步、第三步？一开始要改变，太多、太乱、太杂，找不到方向也无从做起，没决心的人就放着乱，最终只好放弃，结果受害者还是孩子。

计划表要结合自己家人的作息，具有个别性，要有必须坚持执行的必胜决心，从凌乱开始摸索，自己愿意改变，渐渐的才能有心得，形成适合孩子的读书计划表，再不断地完善修正，到最佳状态。有形的作息表只是参考，做久了就会成为心中无形的自然习惯，日后在什么时间就知道该做什么事，这就是所谓的主动态度了。但这需要时间，不能一时做不到就投降，选择放弃。

然而许多读者太过心急，以为可以速成，直接在电话中要我家的作息表，或拜托我帮忙规划一下，殊不知不同家庭、不同孩子的情形、态度，是无法完全模拟、复制的，否则就失去了作息表的意义。

比如说我的孩子在小学一年级时，就有四年级的数学能力，这时程度不同的孩子如果硬要套用我们的计划表，就会害了这个孩子。当他跟不上，对自己失去信心，大人也会失去耐心，误以为自己的孩子很差。像我家孩子小学五年级时，已做完初中数学的光盘复习题，没有提前的孩子很难办得到。

我们家的良药，有可能是你们家的毒药，所以参考绝不能照抄，就算复制所有教材及进度作息，只要有一个环节不同，结果就会不同。作息表必须以自己做得到的为主，才能做得久远、顺手，全家高兴，而我拟定的也只是适合我家的作息，我做得到，别人未必。

照你自己拟的做，是心甘情愿又做得到；照我的做，却好像是被逼的。所以上过我六小时课的人都知道，他们回家后的功课，一定要传给我三份作业。一份是一周的作息表，一份是短程一次的月考范围读书计划表，这两份半个月内交。另一份是中程的读书计划表，这是寒暑假前一周交，他们拟完后，我修改，有时来来回回两三次才搞定，搞定照着做后，有问题一通电话即能马上修正解决，这样才具有关键性，才有意义。

我大略抓几个大方向谈一谈，父母必须先融入孩子的作息中，了解他们后才能掌握自己的节奏。总计要拟三份：

一、长程：每周一到周五，周六、日作息表，以超越两到三学年为目标，学校功课、课外阅读、英文杂志及听力、数学计算及思维等课程都要列出来。当然也包括每日半小时游戏自由时间，游戏时间最好排在英文听力饭后、洗澡前的昏沉时段。

二、中程：小学五年级、六年级如没做长程作息计划者，建议做数学中期计划。如已读初中，就在寒暑假前几天，买到和学校同版本的数学、理化参考书，这两科理科需在寒暑假列表写完，也可配合教学光盘融合在三餐看；而小学要做长期计划的加倍学习，不要浪费掉。

三、短程：一次月考的范围，以周六、日为主，开学前两天为第一周，各周各科一课，自行调配，写完参考书，剩下周数写总复习。一开始大家松、我们快，但没关系，到月考前老师教得快又紧，同学很忙，我们却不忙了，可从容做完老师布置的又多又烦的功课。

最好周六、日早上完成预习工作，下午再写学校功课或才艺部分，周日下午尽量不排功课，去外面玩。

这是粗略概分，更认真的妈妈会结合长、短程融合为一张表，直接把时间、课表写在月历上，按表操课。每天签联络簿时，把第二天要考的科目习题丢给孩子练习手感，安插在阅读时间或其他时间段。

阶段考试前一天停掉所有安排，把参考书、习题、考卷错的部分复习一次。数学错的，须擦掉重算一次。

时间分配长短部分，实际执行后如有不妥，要自行调整；令人手忙脚乱的雏形，确实地做了一个学期后，有了心得就能上轨道。随着年级增加及实际需要，再修正到最理想。一年到两年内上手后，即可丢掉有形的课表，因为完美的读书作息表，已烙印在你的心中。

女儿的读书计划表，在高中时是非常火的，全班争相传阅、拍照，好像挖到宝藏似的。同学们看后，眼睛为之一亮，女儿自己反而觉得没什么，很淡定地说：

"这些对你又没用，是我专用的，不适合你啦！"

"不能用也能参考下啊！"

国内很有名的"狼爸"，四个孩子里三个上北大。他的四个孩子的读书计划表完全不同，而且自行规划。其中一个孩子写"七点半起床"，狼爸说不行。孩子自认七点半已经够早了，狼爸却认为不行。

"你根本起不来，写七点半没用，要规划自己做得来的。"狼爸解释道。

每位孩子要根据自身特质量体裁衣，无法复制别人的然后通用，只有参考——学习人家好的部分，做得到的才是你的。

每年，我都会收到很多感谢函，去年元旦收到桃园一位妈妈的来函。原本为了成绩，母女俩吵架是家常便饭。但改变学习方式的一份计划表，大大改变了她们母女间的关系，分数也从敏感话题变成了孩子能自动快乐地分享的话题。

看了好几次的感谢函，我心中无限激动，也很感动，能够帮到这对母女，感到很幸福。这位妈妈原本在两年前是彷徨无助的，而今是挂满笑容、备感欣慰、引以为傲、充满感恩的。

孩子在学校排名从一百零五，一下提升到二十六，再到全校第一。但称我们为"恩师"实在担待不起，最多只能说是我书中的长、中、短程不补习法，又再一次得到验证，踏出第一步就是成功的一半。另外一半是父母四分之一，孩子四分之一，加起来才是一。一个圆，不可能完全是我的功劳。

以十个月的时间打败班上一位"永远的第一名"，是这位妈妈的功劳。从看我写的整套书开始，打电话问，上六小时课后确实了解孩子特性，拟读书计划表，回家后确实执行，半年后进步，十个月后孩子成为第一。

只要想做，就没有不可能。相信自己，相信孩子能做得到，就一定可以，只是看你愿不愿意像这位母亲这么努力、投入，到去年还在排"中程"课表让我修——很多人往往做到九个半月就放弃了，可惜。

大人能坚持多少，孩子就能进步多少。别人可以，为什么我不行？如果你想明白了，你也可以！

后 记

家庭教育金三角：响应、身教、感动

"你们家的故事比连续剧还好看，什么时候再出下一本？"

好多读者告诉我，他们都是看完新书后再回头买前几本的。有位住桃园的忠诚粉丝，每每我新书还未上架就急忙预订，拿到书后便迫不及待阅读两遍，她看到我这么用心很感动，还没上小学的四岁女儿就问她：

"你看一本书怎么有时候笑、有时候哭？"

"因为感动就会哭，有的内容很好笑就笑了。"

她还告诉我太太，自己当天是穿着雨衣冒雨到书店，连店员都好奇地问："有那么好看吗？"她说：

"只要是'徐权鼎'的书，不用翻就知道好看。"

近几年来，我接到的感谢函不胜枚举，传统的挂号信件、电子邮件、Facebook留言、博客上的留言、演讲会后、电话的那一端……如果不是来自四面八方的读者为我加油打气，不断地给我鼓励与正面的响应，我早就封笔不写了，因为出书所付出的时间、心力与收入，实在是不成比例；但忠诚粉丝的热情回应，却消解了我内心的矛盾，唤回了我的写作热忱，让我找到了继续走下去的理由。

还曾有读者担心我搬家或换电话，交代我如有异动，一定要昭告天下，不然找不到我们。

●

父母带孩子的道理也是一样，你肯响应、会回答，就能源源不绝地激发他们的热忱与潜能。从小我就有来回踱步思考的习惯，有次无意间闪过一个灵感，突然悟出了家庭教育的"金三角"——满分全方位的教育元素宝典：

第一角——回应：孩子有问题一定要马上响应他，要会回答他，不要敷衍，不能沉默，这就是陪伴与关心。做得到就能拿到六十分，这是最基本的起步要求。

第二角——身教：你回应了，也回答得很棒，但孩子不一定听得进去，也就是所谓的"不服"，被顶回来，你却怪他顶嘴没大没小。问题是出在：大人身教如果不好，再怎么会回答也只流于口头之争，唇枪舌剑的结果必定是两败俱伤。所以父母的道德标准愈高，效果愈好，不能有模糊的灰色地带。做得好，合计前项就可到达九十分的水平。

第三角——感动：最关键的十分最难得。你会说话，对孩子有响应，自己身教也没问题，如能再多用心一些，说到、做到让孩子感动，这临门一脚绝对能让你的教育满分，把你的孩子推向顶尖。三管齐下，百发百中！

三角之中少了任何一角，都会不平衡、不完美，效果会打折，难以到达教育的最高境界。至于连一角都没有的父母，可想而知其孩子有多吃亏了。

我把"感动"归入最为关键的十分,其实可能还不止呢,说得好、做得好可扩大十倍。前几个月有一位妈妈在我演讲完,当场问我"何谓感动""怎么感动"?我说她上课不专心、没慧根,其实"感动"都藏在演讲里。

真心无私、不求回报的爱与体谅,只有耐心、牺牲、付出、倾听、体谅、引导,没有预期、抱怨、计较、期限、底限,线够长鱼就够大。要孩子听你的话?请先认真听听孩子心里的话,把孩子的话当话,这就是感动!

一年前的某天,儿子一放学回家,就要我载他到重庆南路的书街买书,我二话不说马上走。纵然我忙,打乱了原本的计划,还是以孩子作息为主。

到了重庆南路,他一家一家逛,我就在一家一家骑楼下静静地等,不催不赶,没有怨言,没有唠叨。在这近两个小时的时间里,他买了五千多元(新台币)的书,结账时儿子觉得很过意不去,花那么多钱,直嚷:

"好贵喔!"

"不会啦!书的钱不能省,再贵也要花。你爸不抽烟、不喝酒,只要再少买两件衣服就补过来了,况且这钱也有你和姐姐的功劳,因为你们这么认真努力,没拆老爸的台,才让我的书一本又一本地连续畅销。现在不管花多少,以后我们一起把它赚回来就是了。"

儿子笑了,结完账我提着书,他很不好意思,马上把书接过去提。因为我说到他无话可说、做到他心服口服,这就是感动!

报载艺人小S(徐熙娣)顺利生下第三胎之前坦言,自己的确曾崩溃大哭过,因老公是独子,难免背负传宗接代的压力,只因公公一句"爸爸很感谢你为我们家生了三个孙女",让她相当感动。

前几个月的大年初一晚上,我在台南岳父家观看特别节目,"长青树"歌王余天三个孩子过年的画面,让我的眼前为之一亮,甘愿锁定而不想换台。

节目中他的大女儿很贴心,特别准备了妈妈李亚萍最爱吃的玉米;二女儿哭着说自己把唱歌当职业后才体会出,原来父母是这么辛苦唱歌养他们三个长大,跪哭着奉上红包;而过去令人觉得头痛、伤脑筋的儿子,经过时间的历练也成熟长大了,很严肃、认真、诚恳地向妈妈保证,自己会更好、做得更出色。

他们不是我的孩子,但这就是我要的孩子,我听了感动得几乎落泪。不管别人如何看待、做何感想,至少我看到这个点,我是很认同的。如果不是他们伟大父母多年来的爱,无限期等待、包容、体谅,陪伴出感动,今天所有的一切都不会发生。

●

一直以来,儿子排斥、不敢看我的书,没办法接受我在书上提及的关于他的各种糗事,破坏他形象。有一段时间他甚至不太讲话,怕在下一本书上"原形再现"。但我总不能对读者说谎掩饰,报喜不报忧,这样读者会紧张,误以为自己的孩子和别人的比起来差好多,因此变得更没信心。

其实孩子某些阶段的某些不好的行为,是正常而无须在意的,我们要据实以告,这样才是一本真书、好书。妈妈也告诉他:

"很多妈妈因为你的分享而了解了自己的孩子,因你得福,你的功德福报很大。"

儿子渐渐听进去了,他自己也感受到一路走来,都有贵人及时相助。这次出书,他居然主动提出要帮我修补不足之处,不要我的书沦为大人的一言堂。他要写出自己当初的心态，以此解析当时孩子心里到底在盘算什么，让父母更清楚孩子的心态，以便知己知彼，百战百胜。

儿子五点多放学回来，每天固定看三节，此时他正忙着备战竞赛与升大学，但这却无损于他的热情。他一边看，一边念叨：

"怎么才看五行，五行就都是在骂我的话？是爸爸编的吧？我有说过这些话吗？"

连太太也曾质疑其中的内容是编出来的。不是我记性佳，而是我有随手记纸条的习惯，口袋里随时有两支笔、四张日历纸备着。我要这两个怀疑我的人马上去看看那回收纸箱内泛黄的日历纸与笔迹，这一下子便证明了我的清白。

如果你们还要说："原来五六年前你就编好了。"那么你就更得佩服我的先见之明了——居然未卜先知六年后能派得上用场。

"怎么这一本书都是我的顶嘴、我的抱怨，怎么都是我？"

"你认为不聪明的人这么会顶吗？那你不承认自己聪明啰？"太太调侃儿子道。

"一般妈妈第一次都不会回答啦！放我的话进去就没死角了。"

从排斥到接受，从默许到主动分享，这一切的转变都来自感动。谁感动了孩子？是父母！

儿子的自我要求甚高，不管在自我成长、道德标准还是在课业上。了解自己人生的这个过程是痛苦的，他也怕失败，自我压力不小，有时钻牛角尖、心结打不开，自我矛盾，怕过不去。但妈妈告诉他：

"如果人生一定会、一定要失败，那就赶快、趁早来个大一点儿的，趁爸妈还在，会一起陪你挺过去。"

假如你是这个孩子，你还会怕失败而压力大吗？不会！你只会不断努力、挑战；你只会用一颗感恩的心、平常心去迎接随时会来的大失败，而后你便不再害怕失败了。

儿子日前有感而发，亲口感谢我们做父母的给他的空间这么大，谈及他很幸运遇到我们这样的父母，听了都想掉泪。

●

我们夫妻俩和两个孩子之前的感情，比父子还父子，比母女还母女。现代忙碌的社会，好多是假父子、假母女，只是名义、法律上的假象，很多父母只生不养、只养不育或只育无情、欠缺感动，我前一本《不补习也能教出金牌儿》写的就是情绪，如何体谅正值青春期、功课压力大的孩子的过程，如何感动，如何双赢。

就在结稿前，令人兴奋莫名的好消息不断传来。两个月前，来我家上六小时课的桃园那对小学六年级的双胞胎，改变了读书方式后，有一次社会老师说全班考得太差要重考，但这对双胞胎却考一百，成就感直线上升。

二十多天前，台南一位初一的学生也是在上完我的课后改变了学习方式，这次阶段考试年级排名从第一百二十多名进步到第七十多名，自信心大增。

我的第三个孩子——"汐止来的小孩"，在警察大学表现极为优异，刚当选2014年优秀青年代表，我也感到很光荣。

"憨直"的女儿去年9月考上了她的第一志愿——药学系，刚开学教授一开口就说："你们这班进来的分数超高。"女儿心想："完了，我能第几名？自我安慰，能有个前十名也就不错了。"结果她领了七千元奖学金，是班上的第一名。儿子也刚申请保送上了台湾大学物理系。

太多太多的实例验证：教育不是偶然的，没有奇迹；只有方法，只是感动。至诚可以感天地、动鬼神。许多读者问我："你的孩子是怎么教的？"真的没什么特别的——"响应、身教、感动"，六字而已。我证明了教育与读书是有诀窍的，也盼有为者亦若是。

现在的我,宁愿慢下来,
和宝贝一起欣赏这个世界的美丽。